活力

Dynamism

The Values That Drive Innovation, Job Satisfaction, and Economic Growth

【美】埃德蒙·费尔普斯（Edmund Phelps）　【法】莱彻·博吉洛夫（Raicho Bojilov）

【新加坡】云天德（Hian Teck Hoon）　【冰岛】吉尔维·索伊加（Gylfi Zoega）◎著

郝小楠◎译

中信出版集团 | 北京

图书在版编目（CIP）数据

活力 /（美）埃德蒙·费尔普斯等著；郝小楠译
. -- 北京：中信出版社，2021.5
书名原文：Dynamism: the values that drive
innovation, job satisfaction, and economic growth
ISBN 978-7-5217-2173-7

Ⅰ.①活… Ⅱ.①埃…②郝… Ⅲ.①世界经济—经
济发展—研究 Ⅳ.① F113.4

中国版本图书馆 CIP 数据核字（2021）第 048331 号

活力

著　者：[美] 埃德蒙·费尔普斯　[法] 莱彻·博吉洛夫　[新加坡] 云天德　[冰岛] 吉尔维·索伊加
译　者：郝小楠
出版发行：中信出版集团股份有限公司
　　　　（北京市朝阳区惠新东街甲 4 号富盛大厦 2 座　邮编　100029）
承 印 者：北京诚信伟业印刷有限公司

开　本：787mm×1092mm　1/16　　印　张：21.25　　字　数：291 千字
版　次：2021 年 5 月第 1 版　　　印　次：2021 年 5 月第 1 次印刷
京权图字：01-2020-3535
书　号：ISBN 978-7-5217-2173-7
定　价：68.00 元

与其等待更好的基础或继续使用已有较好基础但未必相关的模型去解释我们必须要解释的现象，不如建立一个基础不够精确但对现实有较好把握的模型。

保罗·A.萨缪尔森

创新的活力离不开对
万众创新价值理念的传播与维护

《活力》是诺奖得主费尔普斯继《大繁荣》之后的一本力作。

《大繁荣》深入探讨了自工业革命以后、现代经济增长出现以来，先后领跑世界经济增长和创新的英国和美国的创新动力源泉和激发这种动力的制度环境。《活力》则分析了美国、英国、德国、法国等在工业革命以后领跑世界经济发展和科技创新的发达国家，在 20 世纪 70 年代以后以 TFP（全要素生产率）衡量的创新速度都有显著的下降，带来了这些国家经济增长和收入水平提升速度的下滑，中产阶级的萎缩，以及工作、生活不满情绪的上升，民粹主义抬头等。

《活力》进一步发现 TFP 的下降主要源于众多的普通经济社会活动参与者所推动的局部改善的"自主创新"的"活力"减少，而非科学家和实验室研究人员的创新活动的减少。费尔普斯认为，这种发达国家万众创新的活力的减少是由在这些国家打破传统、乐于冒险、勇于面对不确定性的现代价值观的削弱所致。

创新在五大新发展理念中居于首要地位，对于中国的高质量发展重要性不言而喻。《大繁荣》一书让我们了解到西方发达国家如何营造一个有利于激发创新的制度环境和氛围，《活力》则让我们看到若没有有利于创新的价值观的不断维护，将难以永葆创新的活力。两本书对照来读，对于中国如何落实新发展理念、实现充满活力的高质量发展提供了许多值得深思的问题和可以借鉴的经验。

林毅夫

北京大学新结构经济学研究院院长

国家发展研究院名誉院长

经济增长和创新驱动发展需要全新理论范式

《活力》一书的独特之处，是更科学地解释一个国家或地区经济增长和繁荣的因素。作为 2006 年诺贝尔经济学奖得主、就业与增长理论奠基人、"现代宏观经济学缔造者"和"影响经济学进程最重要的人物"之一，费尔普斯教授最重要的贡献在于经济增长理论。他继罗伯特·索洛之后，对经济增长的动态最优化路径进行了分析，提出了著名的"经济增长黄金律"，从而正式确立了新的经济增长理论。

在 2013 年出版的《大繁荣》一书中，费尔普斯教授从历史的角度解释了 19 世纪生产率在少数几个西方国家的快速和持续的增长，以及随之为这些国家带来的"兴盛"——为所在国家或者地区的人民带来有意义的工作、自我表现和个人成长。在《活力》一书中，费尔普斯教授进一步指出，经济繁荣的源泉是现代价值观，例如，所在国家或地区人民参与创造、探索和迎接挑战的愿望。这样的价值观点燃了实现广泛的自主创新所必需的草根经济活力。

与创新研究的倡导者——美籍奥地利经济学家熊彼特的观点不同，费尔普斯教授认为，大多数创新并不是亨利·福特类型的孤独的企业家所带来的，而是由千百万普通人共同推动的，他们有自由的权利去构思、开发和推广新产品与新工艺，或对现状进行改进。正是这种大众参与的创新带来了庶民的繁荣兴盛——物质条件的改善加上广义的"美好生活"。

《活力》作为《大繁荣》之后又一本经济学佳作，费尔普斯教授和他的合作者进一步对标准的经济增长和繁荣理论进行了反思，并对《大繁荣》一书所提出的假设进行了量化研究。通过对英国、美国、德国、法国等国家的经济增长数据进行分析，费尔普斯教授进一步强化了他的具有革命性的经济增长和国家繁荣的理论。

如费尔普斯教授提示的，虽然熊彼特1911年出版的《经济发展理论》突破了经济增长只是一种资本积累（投资和储蓄）的传统观点，并发现了创新和企业家精神的重要作用，但1921年弗兰克·奈特发现做出投资决策的企业一般会面临"不确定性"，凯恩斯在1936年也指出，货币或财政政策可以帮助经济增长达到新的均衡。新古典经济学理论依然是经济增长以及工资和利润率方面的标准理论。

首先，新古典经济学的缺陷是将人们的欲望描绘成完全物质式的：一个人的生活被简化为如何达到最好的条件——寻找回报最高或成本最低的一点，并只关心他们的消费（包括集体物品）和休闲，这就忽略了在现代经济中处于中心位置的"体验"和"意义"要素。柏格森的生命力和个人成长理论、凡勃伦的工艺的本能理论，尤其是维克多·弗兰克尔的意义理论，无疑将修正新古典经济学的理论假设。作为奥地利著名的精神病理学家和心理学家，作为一个纳粹集中营的幸存者，弗兰克尔坚定地认为人有意义意志。他反对把人看成是由生理本能、童年冲突或任何别的外部力量决定的，认为人的本性在于探寻生命的意义，这种意义存在于外部世界和人的互动关系之中。基于此观点，弗兰克尔提出了"意义意志"这一核心概念，它是指人探索理解生命的目的和意义。人们的终极追求是心灵和精神的满足而不是生物本能欲望的满足。著名管理学家加里·哈默在他的《人本共治》①中也指出，组织需要人们具备主观能动性——积极主动的、有主见的、不等不靠的人，他们不会坐等指令，也不会被岗位职责捆住手脚。同样关键的还有创造力。组织需要人们有能力重构问题，带来新颖的解决方案，而最顶端的一项是勇气——人们为了某种值得追求的事业倾尽最大的努力、甘冒风险的态度或气质，将决定组织获得更好的工资增长率。

　　与此观点相联系，费尔普斯教授提出经济增长的动力不只是企业家或科学家，普通人也有能力产生原创性的想法，而这些想法中有很多也可能具有商业应用价值。《活力》中对此的精彩论断是："如果人类拥有如此非凡的天赋，那么整个社会只要有意愿，就有可能建立起一个允许和鼓励新想法产生的经济，从而推动创新和经济增长。"作为一位博学、富有远见的大思想家，熊彼特完整地创造和解释了创新理

---

① 简体中文版将由中信出版社出版。

论，"创造性毁灭""企业家精神"等创新理论至今具有强大的生命力和影响力。但是，熊彼特过度重视企业家的作用，他的论断符合当时的时代发展背景，但已不适应目前的创新实践了。

随着创新的日益复杂化，创新者不再仅仅局限于企业家，还涵盖了用户，乃至社会大众。麻省理工学院的冯·希普尔教授在1988年提出"用户是创新者"的革命性观点，提出领先用户也是创新的主要承担者。事实证明，领先用户比许多企业家能更快开发新产品和新服务的概念，这就说明创新趋向于民主化。[1] 加州大学洛杉矶分校的一个研究小组指出，为维基百科贡献内容是分布在全球的约580万名网民。科学社会主义的创始人、经济学家卡尔·马克思把价值定义为凝结在商品中无差别的人类劳动[2]，是劳动者创造价值。创造价值的劳动来自广大的工人阶级。中国共产党的群众路线的领导方法和工作方法是"从群众中来，到群众中去"，创新必须根植于实践经验。习近平总书记指出："人民是历史的创造者，群众是真正的英雄。人民群众是我们力量的源泉。"[3] 为此，与熊彼特经济学观点不同，产生价值的创新活动来源于广大的人民群众，而不仅仅是熊彼特提的企业家。创新的实践者不仅包括企业家，还包括领先用户、传统的工匠和劳动者。[4]

---

① 详见《大众创新》，中信出版社，2017年。

② 《马克思恩格斯全集》（第13卷），人民出版社，2006年。

③ http://theory.people.com.cn/n1/2018/0615/c40531-30060744.html.

④ 详见陈劲、贾根良等编著：《理解熊彼特》，清华大学出版社，2013年。

费尔普斯教授的理论对中国经济增长的政策制定无疑有巨大的借鉴意义。2014 年 9 月，国务院总理李克强在天津的夏季达沃斯论坛上提出"大众创业、万众创新"的意见，国务院又将其写入了2015 年《政府工作报告》予以推动。"双创"活动对提振中国经济发展活力，特别是对增强全民的创业意愿和提升创业能力起了重大的作用。经过短短 7 年的发展，中国已经逐步成为世界上最有创业精神的国家，经济增长的活力只增不减。一个国家或者地区经济增长的源泉是孕育在普通百姓身上的创造力、创新能力和创业精神，即使在机器人或者自动化技术替代传统就业的赛博劳动经济时代。一个国家或地区必须不断完善创新创业的文化环境，积极鼓励普通劳动者或传统工匠奋发努力，追求自我实现，最终成为从事原始创新或自主创新，实现科技自主自强，从而不断激发经济活力的重要力量。

费尔普斯教授的理论对中国的科技创新政策制定也有重大启示：创新驱动不能只局限于投资科学研究。虽然国家要大力加大全社会研发投入，包括基础研究投入，以及强大的科技人才建设，但是全体中国人民的创新智慧是中国创新发展的源泉和不竭动力，是社会主义市场经济条件下的新型举国体制中创新主体积极性和能动性发挥的重要体现。创新是驱动人类文明和经济社会发展的重要动力。在推动经济—社会系统可持续发展的大背景下，科学、技术与创新范式的发展也提出了新的要求。关于中国创新发展新动力的探索，主要是指延伸和发展传统以企业或其他组织为主要动力的模式，需要不断深入推进科技体制改革，完善科技治理体系，改进科技项目规划、运行和管理的方式，激发全体人民对于建设科技强国的雄心壮志，使得"把科技自立自强作为国家发展的战略支撑"在全社会范围内更加富有意义。越来越多的事实证明，人民不再被动地接受科学知识或通过提供使用数据在科技创新活动中来扮演边缘角色，而是更多地参与核心科技创新知识的生产过程。尽管他们在一个研究项目中可能仍然需要科学家和专家的帮助，但现在普通人民也能够直接为一个科学问题做出决策并找到解决方案。一方面，人民创新需要鼓励个人表达自己的声音，需要基于每一个人独特的知识和多样的经验来创造创新的机会。这种多样性有助于防止生产者在创新过程当中遭遇的锁定问题。具有不同教育和经历背景的人民创新者的多样性和包容性确保了对所有创新可能性方向的探索。另一方面，由于人民角色中包含了权利和义务，因此他们的创新活动也需要承担其后果和不确定性所带来的责任。因此，与普通创新不同的是，人民创新更多的是选择问题和优化解决问题的方案，寻找兼顾创新者和社会发展的解决方案。

当今人类社会正面临着从工业经济向知识经济时代的历史性转型，市场不确定性不断激增。"黑天鹅"事件的不断上演显示出决策者对未来环境的预判变得越发困难，以往基于风险的决策框架不断受到不确定性的冲击。对于创新这种长周期、高投入且回报不确定的经济活动而言，过度倚重物质回报、企业家或科学家的创新驱动发展的范式将受到极大的挑战。当科学技术的发展依赖自身逻辑在现有路径上狂奔而越发失去约束的时候，一个国家或者地区的经济增长、创新驱动发展战略需要的是以"意义"为核心、以"情感"为动力、以"人民"为支撑的全新的经济理论和创新政策。

陈劲

国际熊彼特学会管理委员会和评奖委员会委员

清华大学经济管理学院教授

清华大学技术创新研究中心主任

2021 年 3 月 25 日

聚焦创新在经济可持续增长中的核心地位

国家的繁荣与衰落，是经济学永恒的话题。经济学界在储蓄与资本积累、人力资本投资、制度等重要方面开展了长期且丰富的研究，但仍未解开经济增长与繁荣之谜。诺贝尔经济学奖得主埃德蒙·费尔普斯和他的合作者——莱彻·博吉洛夫、云天德、吉尔维·索伊加在《活力》中，聚焦创新在经济可持续增长中的核心地位，用现代经济学严谨的分析方法检验文化、价值观、企业家精神对创新的重要作用，把个人的价值观、热情、欲望、能力、创造性重新拉回到经济增长研究的聚光灯下。

《活力》分为三部分。第一部分从创新的估计入手，对创新进行了跨国比较。通过进一步区分从国际引进的创新与本土创新，他们证明了本土创新的重要性。第二部分关注创新的根源，费尔普斯等认为国家文化、个人价值观和全民的企业家精神是创新的源泉。第三部分提出了一个重要的问题：人类能否驾驭自己的创新？以机器人为例，他们阐述了创新方向的重要意义。

这本书一个重要的观点是强调个人在创新中的作用。"企业家精神"不是某个群体的专属品，人人都是企业家；创新也不仅仅是企业与科研单位的 R&D（研发），个个都是创新者。现在新一轮的科学技术革命方兴未艾，技术进步使经济活动形式和生产要素组织方式产生了深刻的变化，生产要素组织的分散化是主要特征之一，个人的企业家精神和创新活动在当下意义尤为重大。

文化与价值观显然是影响创新的要素。《活力》一书强调个人主义、活力主义和自我表现，认为它们构成了充满活力的经济的基础；而家庭责任、群体团结等可能导致社团主义经济。个人主义和追求个人价值的实现无疑对创新具有十分重要的作用，尤其对进入后工业社会的发达国家而言，但世界上大部分国家还处在农业社会向工业社会的转型阶段，团队合作与集体主义在工业化的大生产时代非常重要，是这些国家经济发展和转型的重要动因。个人主义与集体主义二者应该是互补而不是对立的，相比衣食住行，创业、创新是更高层次的追求，无论是"仓廪实而知礼节"还是马斯洛需求理论中的"个人价值的实现"，都需要一定的经济基础，而被《活力》划为传统价值观 / 社团经济的社会保障、医疗保健就是这种经济基础的重要组成。合作、信任、平等、互惠等具有鲜明集体主义精神的特征更是现代经济活动的基石。

创新，也可能是破坏性的，因此创新的方向至关重要，这是《活力》最后一部分的重点。创新的方向，决定了机器人给人类带来的是工作岗位的摧毁与收入的极化，还是就业质量的提升与收入的增长。

"劳动增进型"的创新是就业提升和收入增长的关键，但更为关键的是个人如何利用创新增进自己的劳动生产力，与创新形成互补关系而不是替代关系。从这个意义上说，我十分赞同费尔普斯和他的合作者赋予个人的中心地位，个人创造性地把自身的优势与技术进步结合，是"活力"的重要来源，是决定创新方向的关键力量。

赵忠

中国人民大学劳动人事学院教授

目录

01 第一部分
估计创新 —— 跨时比较与跨国比较

莱彻·博吉洛夫

02 第二部分
创新的根源及益处

03 第三部分
机器人的两种应用

云天德

引言

当前主要形成于 20 世纪的经济理论体系已经发展成为一种有力的分析工具。然而现在很多人已经感觉到，这一体系尚不能完整地解释现代世界很多重要发展背后的作用力和作用渠道。经济学界也开始意识到，要想帮助人们理解世界，就有必要对这一体系的一些错误进行修正。

一些经济学家和非经济学家已经（有些甚至在很早之前）指出，人类的欲望和满足感在标准经济理论中被忽略或有意排除掉了，比如尼采的跨越障碍、柏格森的生命力和个人成长、凡勃伦的工艺的本能、森的能力的发展、与奈特不确定性相一致的弗里德曼的预测、罗布的"就事论事的行动"①，以及我本人在创造的愉悦方面的研究。

然而直到今天，用于处理公共事务或解决理论问题的经济学模型

---

① 美国哥伦比亚大学教授理查德·罗布在其 2019 年的著作《任性而为：我们如何选择做什么》中，提出了一种出于对事情本身关注的"就事论事的行动"，作为对古典经济学的理性人假说和行为学的潜意识理论的补充。——译者注

仍然对这些欲望和满足感视而不见。其中比较突出的是标准经济学理论的两个前提对这些欲望和满足感的漠视，而这两个前提都与工作方面的事务有关。

前提之一是工作的唯一回报是工资，然而对此存在大量相反的证据。在美国，工作对于有意义的人生来说显然处于核心地位，这一点在电影《原野奇侠》中已经得到了很好的展示。"在一生中有所成就"的希望可以最好地诠释很多人心中的"美国梦"。在电影《一个明星的诞生》中，这种希望实现了；而在电影《码头风云》中，这种希望破灭了。

在这样一个经济背景下，构思新的事物或方法，想象未被发现的可能，探索未知的领域，很可能就是最有意义的工作体验。当很多这样的体验在美国大部分地区的工作中消失时，就会产生一种被剥夺感：工作的一部分意义也随之消失了。

几个跨越了较长时间的态度调查证明了工作对于大多数人来说都是有意义的。当被益普索-雷德问到是否享受他们的工作以至"很难把工作放在一边"时，51% 的受访者在最早于 1955 年进行的调查中回答"是的"。当被罗珀问到"工作最重要……还是休闲最重要"时，86% 的受访者在最早于 1975 年进行的调查中回答"工作"。当被盖洛普问到对他们的工作或所从事的事业感到"满意还是不满意"时，86% 的受访者在最早于 1966 年进行的调查中回答"满意"。这些数据在某种程度上说明了美国人在过去和现在是怎样的人。

令人遗憾的是，接下来的调查显示了工作满意度从 20 世纪 70 年代一直到 2000 年前后出现了急剧的下降。(综合社会调查发现，生活满意度自 1990 年就呈下降趋势，尽管家庭收入在上升。)这一点必须得到解释。可以想象的是，这种下降至少部分原因在于年度创新总量大幅缩减。但是创新的主要驱动力是什么？这就为我们指出了标准理论的另一个存有疑问的遗漏。

标准理论的另一个前提是创新的唯一来源是科学家。从这一观点出发，经济进步就是有远见且幸运地将科学发现应用于商业，这被归功于博识多闻的企业家。这也就意味着于 19 世纪早期迅速兴起，至末期传播到几乎整个西方世界的经济持续增长，以及始于 20 世纪 70 年代并在西方世界蔓延至今的经济增长的减速，都只是科学进步速度快慢的结果。

的确，经济中某些行业的企业可能设有研发部门去搜寻和筛选具有设计和营销潜力的商业应用，从而帮助企业决定推出什么样的产品和工艺。但是这些部门不再是经济持续进步的来源，正如投资也不再是经济持续增长的来源一样。

也的确，硅谷曾经创造出了一批依赖于计算机和通信技术进步的成功的创业企业。但是除了 20 世纪 90 年代末的一小段时间外，这些企业对整个经济的贡献都是微乎其微的，尽管它们拥有强大的宣传机器。

随着《大繁荣》一书在 8 年前出版，一种关于创新的竞争性假说诞生了。在一些国家，拥有不同企业背景、对各自企业有深入了解的普通民众开始有能力利用他们所掌握的专业技能去构思更好的方法和新的事物。进一步地，如果这样的国家拥有必要的现代价值观，这些人就会有将那些方法和事物实践出来的愿望，从而只要市场力量允许，就能产生自主创新。这就是创新活力——产生自主创新的愿望和能力。而从事这种创新性活动是现代生活的核心。对工作的高满意度、对新的可能性的兴奋，以及随之而来的经济进步，都是由此产生的结果。

本书的根本目的就在于检验这一现代主义的理论，它是与由外生科学发现驱动的标准理论相对的，继而考虑检验的结果对当前人们关注的一些问题具有怎样的启示。

《大繁荣》从历史的角度解释了19世纪生产率在少数几个西方国家的快速和持续的增长，以及随之为这些国家带来的"兴盛"——有意义的工作、自我表现和个人成长。它还解释了过去半个世纪国家繁荣和人民兴盛在这些国家接二连三的消亡。这些解释暗含了现代价值观的兴起和衰落。

然而，事实真的是这样吗？旧有的观点是否在某些方面仍有其优势？经济学不会为我们指出我们需要选择的道路，而且假如我们误解了创新的根源，它还可能把我们带上歧途。

本书通过问卷调查对价值观进行了直接的测量，并通过统计学方法估计它们的影响。通过这些检验和结果，我们可以更好地理解长期衰退、增长和繁荣的消失。接下来我们就可以着手解决西方社会普遍感受到的空虚感问题了。

导论
一个关于创新、繁荣和增长的理论

埃德蒙·费尔普斯

随着 20 世纪的到来，从 1898 年的维克塞尔和 1911 年的熊彼特，到 20 世纪 20 年代的庇古和拉姆塞，再到 40—80 年代的萨缪尔森和索洛，经济学家们已经跳出了 19 世纪由李嘉图创建并由瓦尔拉斯一般化的价格数量静态理论，走向了经济随时间不断发展的理论。发展路径包括经济的资本存量和劳动力、利润率和工资，以及生产率的增长。[1]

几十年来，这一学术进展一直占据了经济学的中心位置。除了为之前业已存在的领域提供更坚实的基础，它还为一些具体分析开辟了新的道路，比如家庭储蓄与劳动力供给、企业投资、汇率、资本积累等。[2] 其中最值得注意的或许是熊彼特 1911 年的著作，它突破了国家发展只是一种资本积累（投资和储蓄）的传统观点，发现了创新和企业家精神的重要作用。

然而，这一"新古典"经济学理论因未考虑现代经济的特征而受到批评。1921 年，弗兰克·奈特发现做出投资决策的企业一般会面临"不确定性"，以及凯恩斯所说的"未知的"可能性。[3] 凯恩斯在 1936

年指出，与新古典经济学理论不同，市场通常无法获得到达均衡路径所需的知识，所以经济可能会在萧条和繁荣之间摇摆。在这种情况下，他相信货币或财政政策可以将经济拉回到正常轨道。[4] 虽然如此，新古典经济学理论依然是增长以及工资和利润率方面的标准理论。

这一标准增长理论最致命的缺陷是未能认识到现代生活的核心，而奈特不确定性只是其中一个方面。[5]

标准理论的关键缺陷

在标准经济学中，真正的经济增长来自一个由完全或主要是外生的技术进步（使用索洛的术语）[6] 驱动的像机器一样的经济体[7]，这种增长被定义为 TFP 的增长，TFP 是由劳动生产率和资本生产率加权平均得到的。这种"进步"就是驱动力：尽管一些国家相对其他国家可能拥有更高水平的生产率，但是没有哪个国家能取得比技术进步速度更快的生产率增长速度。[8] 技术进步与商业应用相结合促使嗅觉灵敏且富有激情的企业家去创办新的企业或发掘已有的企业，以期获得相应的回报。

熊彼特和其他德国历史学派的学者认为这种"技术进步"来自"科学家和航海家"的发现，这对于熊彼特时代的奥地利来说可能是正确的。他们认为这种发现是原始动力，使企业家所采取的商业应用成为可能。这也成为标准理论对创新的解释，熊彼特称之为"新事物"。在他看来，在一个国家的经济内部没有任何人能构思出新事物，从而对该国的创新和增长做出潜在的贡献，也就是不存在自主创新。[9]

然而值得怀疑的是，标准理论的这些要素是否仍然适合近 200 年间崛起的高度现代化的社会，包括 19 世纪发展起来的发达社会，主要有英国、美国，以及之后的德国和法国。人文、人类学和其他一些社会科学研究已经对此提出了一些看法。

首先，不只是"科学家和航海家"，普通人也有能力产生原创性的想法，而这些想法中有很多（不只是来自拥有特殊才能的人）都像科学思想那样可能具有商业应用价值。事实上，几乎所有行业都会有工人、经理或其他人员不时迸发出新的想法。人类学家很早就相信人类具有这种才能，并且这已经得到证实。尼古拉斯·科纳德和他的团队在对德国南部一个早期智人居住过的洞穴进行考古发掘时，发现了一根可以吹奏的长笛。[10] 如果人类拥有如此非凡的天赋，那么整个社会只要有意愿，就有可能建立起允许和鼓励新想法产生的经济，从而推动创新和经济增长。

其次，一个国家的经济远非只有增长。毫不夸张地说，标准理论只是粗线条地将人们的欲望描绘成完全物质式的：只关心他们的消费（包括集体物品）和休闲。这样的理论可能描述了像 18 世纪的英国那样的商业经济社会，但它忽略了在现代经济中处于中心位置的"体验"维度，而新的方法和新的事物正在这一维度不断被构思和试验出来。在标准理论中，一个人的生活被简化为如何达到最好的条件——寻找回报最高或成本最低的一点。

最后，标准理论将社会成员视为原子式的个体，因而没有任何去影响被提供产品的数量和质量的意识。因此，工作生活缺乏任何自由意志的运用，从而失去了对美好生活的追求。这一理论将我们看作朝九晚五的机器人。然而，这样的感觉并不是现代经济的常态。在现代社会，按照自己的想法行事的体验给了人们一种"自主意识"，使他们觉得自己哪怕在一个很小的领域也发挥了一定的作用。

因为标准理论没有意识到这些维度，它既不能解释经济绩效（物质和非物质的）在国家间的不同，又无法解释这种绩效的升降。

在国家间的物质绩效差异方面，标准理论认为生产率是趋于均等的，资本和技术会流向它们相对稀缺的国家。而数据显示，在 G7（七国集团）国家中，英国和德国的生产率要远低于理论预测的结果，美国则远高于这个结果。[11] 可以想象的是，如果一个国家拥有优越的企业家精神，它就会相对其他国家保持领先位置，但这一论点可能会让熊彼特主义者感到为难，因为熊彼特与他的理论一致坚持，由科学发现创造的商业机会是"显而易见的"，因此对所有人来说都是如此。[12]

对于非物质绩效来说，标准理论也没有提到任何系统性的国家间差异，因为它看不到国家间经济生活体验的本质性差异。而数据证明，非物质绩效指标，如平均工作满意度，在瑞士、丹麦和奥地利较高，而在西班牙、德国和意大利较低。

关于经济绩效的跨期差异，标准理论显然也没有提供解释。对于其术语——技术进步，它没有用于预测的模型，因此也无法从物质或非物质的方面解释这样的发展。然而一个变化中的世界需要我们去做出解释：历史证据和最新研究向我们展示了 19 世纪在几个国家接连出现的长期繁荣（相对于长期停滞），以及直至 20 世纪末几个国家接连发生的长期停滞。无论是对于繁荣还是停滞，这一主流理论都没有提供任何解释，这是一个重大失败。[13]

那么，一个国家经济绩效的上升或下降，包括物质的和非物质的，相对于其他国家的，以及如前所述的相对于自己过去的，究竟要如何解释呢？显然，在社会想要从经济中获得什么以及能够获得什么这个方面，如果我们想要了解国家之间有何差异，就需要深入所研究的国家内部。我们需要识别和衡量出社会中有哪些力量有助于解释一个国家是如何实现自主创新的。

一些理论学家试图证明一个国家的经济在创新发展中如何发挥比熊彼特构想的更广泛的作用——有人甚至提到了"内生"增长，以与熊彼特的外生增长相对应。20 世纪 60 年代，理论学家（我们几乎所有人都与兰德公司有一定联系）开始致力于科学进步的商业应用。[14]肯尼斯·阿罗建立了一个基于"干中学"的生产率增长模型。[15]理查德·纳尔逊等人提出了由"工业研究"和新工艺的"传播"带来的"技术进步"。[16]80 年代，保罗·罗默建立了一个模型，对原始的产品线引入了一系列变化。[17]90 年代，菲利普·阿吉翁和彼得·霍依特分析了一个具有概率结果的"研究活动"产生随机序列的质量改进创新的模型。[18]罗默 1990 年的模型则纳入了被称为"新想法"的事件。[19]

我们必须走得更远，并且在不止一条道路上前进。我们需要找到可以产生持续增长的驱动力。当然，如果没有新的东西可学，那么学习模型也就不会带来增长。寻找某些科学发现的商业应用的工业研究团队似乎是熊彼特式进步的追随者。（正如纳尔逊所说，如果科学家们收工，那么工业研究团队也就无事可做了。）[20] 连续的产品线也不会带来持续的增长。"研究活动"和"新想法"是一个黑匣子，它没有告诉我们火花和燃料在哪儿。

尽管在一些现代经济和近现代经济中，有组织的企业 R&D（研发）活动，比如对新应用的研究、"干中学"、寻找问题解决方案，可能会带来偶然的生产率改进或新的产品，然而没有证据表明，持续的创新、增长和工作满意度可以在某种程度上由这些活动解释（从统计学意义上说）。可以肯定地说，这些活动不可能是过去 200 年生产率爆发式增长的来源。

我们还需要考虑普通人的新想法及这些想法产生的源泉。即使将公司和政府机构中的技术人员有组织的研究活动视为创新及工作满意度和增长的基础，可能能发现一些统计上的相关性，但它并未触及问题的本源：对个人来说，无论是来自公司内部还是外部，他们能想到和做到什么，使用或不使用先进的科学知识，及他们为使自己满意想要去做什么事情，这些都只是一隅之见。因此，现有的内生增长理论在本质上缺失了人类可能性的关键维度，正如标准理论所缺失的一样。

这篇导论所论述的，并将在本书正文部分进行检验的命题对此持有不同观点。它的基本前提是，各行各业的人们，不只是科学家和实验室研究人员，都具有构思新事物的先天能力，无论科学家是否开启了新的可能性。而一个现代社会允许甚至鼓励人们去将这些新构思付诸实践——去创造和尝试它们，又促使人们提出新的构思。这样整个国家都将迎来新想法的蓬勃发展。

这意味着，无论发生了什么样的熊彼特式创新，在高创新水平的国家，这些创新大部分都是自主的：它来自在该国经济中工作的数量众多的普通人创造和创新的能力。

从这一点考虑，一个国家可能拥有"活力"———一种产生创新及从社会的角度将创新引入经济的意愿所必需的欲望和能力。[21] 当然，这样的国家可能会遇到障碍，如战争和气候等外部障碍、管制和官僚主义等内部障碍。但总的来说，一个国家拥有的创新活力越丰富，就越容易在创新上进行尝试和取得成功。当然，以当前的条件，如总体的商业前景和政治困境，可能无法为这样的尝试提供充分的保障。

下一节将展示这种活力的来源和回报的主要证据，它们来自19世纪至今的现代社会的自主创新历史。[22] 这些来源和回报与在那些时代崭露头角的个人价值观紧密相连：尝试创新的意愿可能与"美好生活"概念的发展有关。这一理论形成于2001年美国哥伦比亚大学资本主义与社会研究中心成立之后不久，并在《大繁荣》一书中完成。（本书的研究工作使我们对很多问题有了更深入的理解，但是将要进行检验的基本命题是不变的。）

活力的上升和价值观的促进作用

当然，《大繁荣》也有其先行者。两位学者曾对19世纪西方大部分地区前所未有的经济表现提出了他们自己的看法。

经济历史学家华尔特·罗斯托在其首部著作《经济增长过程》中，通过回顾几个世纪的历史，发现经济增长总是时断时续的，而偶尔出现的爆发式增长常会被逆转，直到19世纪，用他颇具启发意义的话说，实现了"从起飞进入持续增长"，比如1815年前后的英国和美国、1870年前后的德国和法国。[23] 而积极复制经过了这些"领先经济体"市场检验的新工艺和新产品的国家，比如荷兰和意大利，也见证了本国增长率的提升。（与领先国家的差距越大，增长就越快。）[24]

这种增长在任何国家都是影响巨大的。它使一个国家由农业转向工业，由农村转向城市，由贸易转向制造。新的城市逐渐崛起，新的生活方式不断出现。

著名历史学家保罗·约翰逊在其《现代的诞生：世界社会1815—1830》一书中，向我们生动地描绘了一幅人类群像，这些人的原创和无畏精神是兴起于英国的现代生活的显著特征，这样的生活方式在美国和欧洲大陆也略有体现。通过描写数以百计的创新者——其中有商人、科学家和艺术家，他刻画了现代人所特有的实验主义、在错误中学习、好奇心和承受失败的勇气等人格特征。他还向我们展示了虽然这些人中的大部分人具有一定天赋，但多有着普通的而非特殊的背景。[25] 约翰逊发现了非常重要的问题。

《大繁荣》对这种现代生活提供了一种解释——它是如何出现的，以及它为何重要。[26] 它提出了一种新的人生观，一种影响了整个英国和美国的新的态度：走自己的路，抓住自己的机遇，以及如狄更斯所说的，掌握自己的人生。英国人所说的"出人头地"，是指人们在某些方面取得了一定进展——也许是取得了成功。[27] 这些态度有的可以在历史学家艾玛·格里芬的当代文献中找到。[28] 我在书中提出这种新的人生观在19世纪传播到了大部分西方国家，并反映在当时音乐和艺术领域的浪漫主义运动中。而且，它给经济带来的转变是其他任何影响都不可比拟的。

正是这种新的精神带来了前所未有的创新活力。商人可能会抓住没人注意的或被忽视的机遇，以更好的方式生产已有的产品或制造出销路更好的产品，用哈耶克的术语来说也就是"适应"。[29] 文艺复兴时期的威尼斯也有一些冒险家，但与19世纪广泛存在的创业追求仍相去甚远。更富企业家精神的企业在英国和美国如雨后春笋般出现。这些企业的集群导致了更多城市的产生（但并非其驱动因素）。[30]

同样，工人们也将这种创新与创业的态度带到了工作场所中。无论是工人阶层还是中产阶层，劳动力供给都更多地从常规和枯燥的工作转移到更具挑战性且更有吸引力的工作中，在办公室、工厂和商店中都是如此。雇员们可能会注意去寻找更好的方法规划和完成他们的工作。这样的新工作场所非常重要。马歇尔在观察19世纪的英国时认为："一个人赖以谋生的事业通常会在他的大脑处于最佳状态的大部分时间中占满他的思想，在这个过程中他的工作……和他在工作中与同事之间的相处也塑造了他的性格。"[31] 因此，需求和供给两方面的因素将人们带到了这种新式的工作场所。从托克维尔[32] 到青年马克思[33]，这个话题被讨论了几十年。

然而，更重要的是，这种新的人生观也给经济中的人们带来了一种想象的精神。有人在发明新的产品，有人在构思新的生产工艺，还有人可能在为已有的产品思考新的市场。每个人都在寻找新的方法、新的事物，去发明、去运用。

这不是一个由创业型的商人和企业家领导的"贸易经济"，而是一个由现代社会建造的"创新经济"。其核心是一个巨大的"想象世界"——一个用来构思、创造、销售以及采用新事物的空间。休谟领先于他所在的时代几十年，是思考这一问题最早的哲人：他看到了想象对于新知识的必要性，"激情"在人类决策中的作用，以及在未来坚持沿用过去模式的不当之处。[34]

这种现象的出现一定是振奋人心的。尽管"企业家"所获得的"适应性"可以将经济拉至其前沿，或"可能性位置"，然而创新直接拉动了前沿本身，人们不知道它什么时候会停下来，或者是否会停下来。这样的结果是激动人心的。

但这种新的经济形式、新的工作方式，到底有什么值得向往之处？其必要的动力为什么只在某些国家出现，却在其他国家不见踪影呢？

活力经济之果

经济的起飞逐渐带来了越来越丰厚的物质回报。工资随着生产率的提高而上升。利润持续超过损失。更多、更好的吃穿用度之物使人们变得越来越健康长寿。有记录显示，英国的工资率在经历了 1500 年以来的起伏和 1750—1800 年的低迷之后，终于迎来了"起飞"，工资率的增长终于追平了劳均产出的增长。此外，工人们找到了更多消遣和消费的方式，从剧院到体育场再到酒吧。（尽管有人指出英国城市中的污染和犯罪抵消了很大一部分的工资收益，但有研究估计，将有利和不利因素都考虑在内，"城市规模的净效应仍是有利的"。）[35] 这最终带来了无法估价的公共福利。有了收入的增长，政府就可以采取措施对抗疾病，促进公共卫生事业的发展。

然而，对于越来越多的经济参与者来说，物质回报虽然具有历史意义，却不是这一空前时期最突出的特征。这种充满活力的经济所带来的一些回报是前所未有的——惠及从平民到中上阶层的整个国家：人们的选择爆发式地增长，由此带来了对更多选择的渴求。不同的工作岗位陆续开放，不同的企业不断进入市场，不同的家用物品持续出现。人们为此感到兴奋自不必说。林肯 1858 年在美国国内游历了一番后惊叹道："年轻的美国对于新生事物抱有巨大的热情——一种恰到好处的疯狂。"[36] 林肯注意到的这种"热情"应该做何解释呢？

充满活力的经济也带来了无价的非物质回报。即使在缺少活力的经济中，学习新的事物、与他人交换信息，甚至只是保持忙碌的状态也是有益的，所有这些从本质上说都是非物质的，并且来自工作体验。而在充满活力的经济中，工作中的人们又置身于另一个世界。这里有能带来非物质回报的丰富体验，给人以"自主性"：在现代经济中工作的人们，或至少大部分人，都能承担责任，做出判断，发挥主动性。这里还会吸引人们去探索未知世界。（我们可能永远也无法知道林肯是否看到了这些体验带来的益处。）

在 19 世纪崛起的现代社会中，大多数人明显从参与这种经济中产生了一种获得感，即收益超过不可避免的危机和萧条带来的成本的部分。比如说，很多美国人在任何时候都不愿用这些可能带来超凡回报的事业，去换取一种安全有保障的生活，无论事业的回报有多不确定。

现代价值观：经济活力之本

对于这一前所未有的发展变化，不断有人去研究它的影响，却很少有人关注其根源。为什么即使不确定能否取得成功，有些国家的人们仍乐于在这样的经济中追求事业，而其他国家的人们却并非如此？为什么今天我们会看到有些国家对这样的经济不如以前那样热衷？简言之，是什么让一些国家走向一个愿意并且能够为经济带来更多创新活力的社会？一开始，我们可能会认为这样的经济带来的巨大回报解释了它的崛起，却无法回答为什么这样的经济奇迹只在 19 世纪的英国、美国、法国和德国出现，而在其他地方难觅其踪。

这里假设的解释是，一个更具创新性的经济更有可能在人民相对"现代化"的国家出现。人与人是不同的。即使任何国家只要拥有了现代经济就能获得相同的非物质回报，总有一些国家的民众会从这些回报中获得更大的满足感，从而相对其他国家的人来说，会更多地被现代经济吸引：他们对某些或全部非物质回报的向往被更好地表达了出来。19 世纪英国和美国相对现代化的民众可能对某些现代经济带来的特殊满足感具有超常的欲望。关于这样的满足感我想到以下几点。

- 这些"现代人"可能会是这样的一些人，通过自己努力得到的成果会带给他们巨大的满足感，而如果这些成果能带来更好的条件或更多的认可，满足感会变得更强。[37]

- 他们可能在成功（更古老的术语是"繁荣"，来自拉丁语 *pro spere*，意为"如愿""按照期望"）中获得巨大满足。成功有很多种形式：一个办公室职员因为某项成就获得晋升，一个手工业者通过刻苦学到的技能做出了更好的产品，一个商人看到船只入港而感到欣慰。[38]

- 他们可能为在人生旅程中获得的兴盛感而欣喜万分——事业的发展、驶入未知世界的激动、面对挑战的兴奋、跨越障碍的喜悦，以及对不确定性的迷恋。

- 这些现代人也可能会深深地满足于"改变世界"——"对这个世界做些什么"，而且运气好的话，"留下自己的印记"。

- 他们还可能享受与同事并肩作战的乐趣，去开创事业或阻击对手。

更进一步，我们可以对追求其中某些或全部满足感的愿望背后的社会价值观做出一些假设。

个人主义对这些欲望的影响是怎样评价都不为过的。现代主义的满足感从本质上说是个人主义的。对于成就、成功、兴盛、改变世界的满足都只是或主要是个人的满足。（可能会延伸到最亲近的人身上。）对个人主义的颂扬最早出现在 16 世纪，代表人物有文艺复兴时期的哲学家乔瓦尼·皮科·德拉·米兰多拉，以及宗教改革的发起者马丁·路德，并且在 19 世纪得到了广泛传播。

另一个主要影响因素是活力主义。具有活力的经济会吸引寻找挑战和机遇的人们，使他们感受到生机。我们很难不把创新者想象成精力充沛和全心投入的人。在塞万提斯 1605 年的经典小说中，主人公堂·吉诃德的种种不安分行为成为那个时代所显现的活力主义的一个缩影。

可以被称为"自我表现"的价值观代表了另一种吸引人们在充满活力的经济中工作的影响因素。当被允许甚至鼓励去想象和创造一种新的事物或方法时，一个人会展露出一部分真实的自己。

《大繁荣》认为，在那些人文主义价值观能够刺激必要的欲望和态度到达一个临界水平的国家，现代社会和由此产生的经济活力将蓬勃发展。图 a.1 对这些价值观和欲望进行了概括。

检验活力论及其根源

在以统计检验来支持与标准理论的决裂之前，首先需要了解的是，尽管本书到这里所概述的是独立于标准理论之外的一个新命题，但它不是一个学术意义上的理论或数学模型。[39] 而一个正式的理论可能会具有一定的应用价值，对此有兴趣的读者请参考导论附录。

本书的目的是检验《大繁荣》提出的命题，具体分为三个步骤。

首先，由于自主创新没有现成的时间序列数据可以使用，我们在多国背景下建立了一个关于不同创新类型的经济计量模型，以此估计各国自主创新的时间序列（此外还有外生创新和引进创新）。这些估计的时间序列提供了各国过去在自主创新率上的国家间差异，以及自主创新率跨期变化的估计值。

其次，我们从所研究国家的家户调查中提取态度数据，以检验体现了个人主义、活力主义、自我表现等现代价值观的态度上的国家间差异，相对我们更熟悉的制度等维度，是否至少在某种程度上更好地解释了从标准（如生育率和劳动参与率）到现代（如自主创新和工作满意度）等多种变量所衡量的经济绩效的国家间差异。

最后，这项研究可以被视为对活力的存在性的一种检验。这是一种彻头彻尾的冒险，因为旨在解释经济绩效间差异的文献都没有将活力这一因素纳入自己的解释框架。对于国家间经济绩效差异的主流解释更为强调制度的作用，而对价值观关注甚少。[40]

但这又是极为重要的。在经济具有高度活力的地方，其特有的成果也将十分丰盛：成就、成功、繁荣、兴盛。而缺少活力的地方则将是一个乏善可陈的社会。

然而，价值观也是在不断变化的。文艺复兴时期的价值观（这里我们称为"现代价值观"）尽管早早就被提出，但在一开始还没有强大到可以征服其他价值观，直到19世纪才最终达到了它的临界水平。因此，我们必须要寻找证据证明，某些在历史上推动了西方经济活力增长的价值观已经被削弱了，还要注意一些与之竞争的价值观得到了加强。

在对这些问题进行统计研究之前，我们有必要先进行一些讨论。

现代价值观

个人主义
为自己着想（路德）
追求幸福的权利（杰斐逊）
出于个人目的的工作（狄更斯）
自力更生的意愿（爱默生）
打破传统（乔治·艾略特）

活力主义
享受挑战（塞万提斯）
敢起行动的勇气（莎士比亚）
采取主动："对世界做些什么"（黑格尔）
与他人竞争（切利尼，大仲马）
想象新事物（休谟）
冒险（马克·吐温）

自我表现
创造事物（伏尔泰）
探索；实验（歌德）
驶入未知世界（凡尔纳）
留下印记（狄更斯，萨克雷）

传统/反现代价值观

家庭责任
群体团结
固定的朋友圈
与利益相关者分享财富
为他人和为社会服务
追求物质而不是体验
反对错位
反对"渐富"
墨守成规
步伐一致前进
权利感
詹特法则①

① 包括"不要认为自己很特别"等 10 条法则，体现了北欧国家所奉行的一种平等主义，最早在挪威小说《逃亡者之路》中得到系统的阐述。——译者注

充满活力的经济

<u>活力</u>
创新的欲望、能力和自由度
创新活动：想象力与创造力

<u>经济独立</u>
就业岗位充裕：创业的容易程度

<u>繁荣</u>
通过个人的主动性和创造力获得更好的条件

<u>兴盛</u>
获得体验上的回报：发挥自己的想象力，满足自己的创造力，去未知的领域探险，体会发现带来的兴备

<u>广泛参与</u>
深入草根阶层的创新

传统 / 社团主义经济

<u>有益品：社会保障</u>
退休金、医疗保健

<u>社会保护</u>
工作保护、关税保护

<u>社会连带主义</u>
政府与社会伙伴之间的共商
公司向利益相关者征询意见

<u>公私联结</u>
庇护主义
赞助、游说

<u>精英角色</u>
统制主义

美好生活

获得理解（亚里士多德）
直面挑战（塞万提斯）
实现个人成长（蒙田）
驶入未知世界（克尔凯郭尔）
跨越障碍（尼采）
无畏地生活（威廉·詹姆斯）
成就：个人成长（柏格森）

优质生活

舒适
休闲
文化享受
保存传统
职业体育比赛
保护环境
物质财富和收入

图 a.1 社会价值观与经济绩效

活力的消失？现代价值观的消亡？

佩恩表以及最近由法兰西银行收集的数据表明，以历史标准来看，1950—1970 年 TFP 在美国增长较快，在法国和意大利增长非常快，但在 1970—1990 年增速同时大幅下滑，继而在美国和英国恢复了前期的快速增长，在法国，尤其是意大利，则进一步放缓。（德国是一个特例。）[41] 回顾更长的历史时期可以得到另一个视角：根据法兰西银行的估计，在几乎整个 20 世纪经济处于领先地位的几个大国——英国、美国、德国和法国——的 TFP 的增长在 1990—2013 年均显著变缓，在 1970—1990 年进一步放缓，甚至低于两次世界大战之间的 1919—1939 年和 1950—1970 年两个时期。[42]

对这一发展趋势的普遍解释是，假设所有或大部分创新都是熊彼特式的，那么 TFP 的增速变慢就是可商用的科学发现枯竭的结果，即标准理论中驱动经济增长的外生"技术进步率"下降。[43] 然而这种推论显然是有问题的：假如 TFP 的增长放缓是科学发现衰落从而熊彼特式创新减慢的结果，那么前者的减速就应与后者几乎同时发生且降低几乎相当的水平，可事实是 1970 年 TFP 在几乎所有国家同时开始减速时，这些国家已经从战争中恢复，因而不存在这一意义上的减速。但是未来也许有人能证明某种作用力的存在阻碍了两者减速的同时和对等发生，因此从这个意义上说，也不能完全排除熊彼特式创新发挥了主要作用的论点。

我们撰写此书的主要动机就在于理解这种减速。当然，不是所有的统计学结果都为其提供了直接的解释，这也不是在对自主创新的一般均衡时间序列模型进行估计，但是我们可以从这些零散的结果中获得某些貌似合理甚至令人信服的结论。我们要探寻的问题可分为四个层次。

如果这些西方国家在近几十年内普遍深受 TFP 减速之苦，这种减速是否可以解释为创新的结构性萧条，而不仅仅是一连串的不利干扰因素？

如果这些国家确实陷入了创新系统性衰退的困境，这种衰退是否在某些或大部分经济中是由自主创新造成的，而不是熊彼特式创新？[44]

如果自主创新遭受了重创，无论熊彼特式创新是否同样受创，这些自主创新的损失是否在很大程度上是活力受损的结果，而不仅仅是勇敢而富有活力的潜在创新者接连的坏运气使然？

如果活力严重受损，是否有证据表明现代价值观（《大繁荣》中认为是活力水平的根本决定因素）失去了优势地位，而与之对立的价值观获得了更多支持？（如果我们能指出活力下降的致命根源，这将比直接把衰退归因于活力下降更有助于我们的理解。）

尽管我们的命题有些复杂，还是可以先大胆地提出几个初步的推论。我们有理由认为，除了所有国家都较容易实现的平均水平的熊彼特式创新之外，那些还高度参与了自主创新的国家会拥有更高的生产率增长，而在自主创新水平较低时生产率增速放慢。

因此，我们似乎矛盾地看到，美国、英国和法国这些通常来说创新水平最高的国家，自 20 世纪 70 年代以来有大片地区"被去工业化洗劫"，用法国总统马克龙的话说：美国的"锈带"从阿巴拉契亚山脉一直延伸到美国中西部、英国的西米德兰兹和法国的洛林地区。在这些地区的旧工业中，创新似乎大面积消失了——其消失的幅度如此巨大，以至加上新的高科技行业惊人的创新成果也没能挽回总体的衰落趋势。但是一个发达的经济体往往有着复杂的结构。我们可以想象，这些地区投资和就业的下降是由创新结构的变化引起的，而不是创新的衰落导致的。

一旦"活力带来创新以及创新带来美好生活"这一命题得到了实证支持，我们就会看到西方经济中很多社会成员的强烈不满。当然，经济活力的下降为工资的剧烈减少提供了一个解释。在一些评论者看来，工资的减少令很多美国工人深感不安，因为他们正是伴随着这样的信念成长起来的，即工资的不断上升将最终使他们过上比他们父母更好的生活。

这一命题也可能对工作场所的不满症状有所启示。在那些经济中，工作的非物质回报也许大大降低了，而这种回报可能比物质回报更能令人满足。家户调查数据显示，在过去几十年中，这些创新领域曾经的模范国家报告的工作满意度几乎都出现了显著的下滑，而且粗略来看，工作满意度的国家间差异解释了90%的生活满意度差异。[45]

最后，安格斯·迪顿发现，有一系列病态行为在美国都有着极高的水平：自杀、阿片成瘾、抑郁和肥胖。[46]我们有理由认为，这些症状在所研究的国家在某种程度上也是活力下降造成的，而活力下降则源自推动活力上升的价值观遭到普遍削弱。被广泛讨论的工作性质的变化——自主意识、有所成就的体验以及驶入未知世界的感受，这些体验的消失使得很多人的工作意义也随之枯竭了。

经济活力大幅下降的可能解释是什么呢？有观察家将我们的目光带向了早自 20 世纪 70 年代社会所表现出来的价值观的变化。美国社会学家克里斯托弗·拉什曾指出美国年轻人中的自恋情绪会让他们走向自我放纵。[47] 白宫助手帕特里克·卡德尔这样写道：人们"不再以做了什么来定义，而是以拥有什么来定义"[48]。80 年代的英国首相玛格丽特·撒切尔说过："生活曾经就是尝试去做一些事情。"[49] 而美国总统吉米·卡特在他著名的"令人感到不适的演讲"中，曾呼吁"重建美国价值观"和"复兴美国精神"。[50] 可以公平地说，卡特总统和他的继任者们没有唤起使经济活力得以成长的精神，因为他们缺乏关于这种精神根源的理论。《大繁荣》中对激发自主创新的经济活力背后的一系列价值观基础进行了阐述。

从这个理论的角度来看，我们可以很自然地假设经济活力的消失至少在很大程度上是现代价值观的衰落导致的，而正是现代价值观最初点燃了这种活力的火花。这一假设通过一个明显的检验得到证实：那些自主创新损失最多的国家，包括损失比率最高的国家，似乎都曾是创新最强的国家。但是只从这些国家的一个断面来看价值观和活力不能为本书的理论提供充分的检验。在进行经济计量学检验之前，我们必须有足够的信心，认为导论中提出的这个理论对于理解西方国家自主创新的兴衰具有重要价值。

如果所有这些观察和解释足够真实，就能引申出这样一种推断：这些遭受了自主创新衰落和从领先经济中复制的创新减少的西方国家，正苦于活力的不足和由此带来的创新的衰退。条件已经清楚了，困难也已经造成了，但看不到其他的解释在哪儿。

现在再来介绍一下本书的边际贡献。在接下来的 10 章中，前 7 章将对上文推导出的主要理论进行统计和经济计量学检验。(《大繁荣》中用了两小章的内容对其命题进行了初步的检验，而本书是首次用一整本书的篇幅进行了一系列检验。) 其结果是否强烈支持了自主创新，而不只是熊彼特式创新的存在？是否证实了活力的现实，即其巅峰时期以及当前大为衰落时的影响？是否证实了现代价值观，而不只是传统价值观的存在？如果答案是肯定的，那些最富于现代价值观或缺少传统价值观的国家是否最具有自主创新性？

在本书中，我们还会尽力探讨我们这个时代的某些重大经济问题。如果我们正陷于结构性萧条的困境，自主创新的衰落是不是其原因？如果是，这是由政策和政策失败导致的，还是更多地由社会内部活力的大面积消失所造成？

尽管这些问题都极为重要，我们却不能止步于此。

创新的转向：劳动增加与劳动增倍

一开始进行本书的一系列检验，我们就立刻认识到，除了一些西方国家可能出现的某些活力损失之外，不但创新的速度有所变化，创新的"方向"（使用一个曾经流行的术语）也发生了改变。没有人会质疑我们为什么要讨论这一新的发展。很多人已经对创新朝着人工智能进步的转向有所警觉，特别是它对就业和工资的影响，这远远超出了人们对创新总量在 20 世纪 70 年代以及 2000—2012 年直到现在的下滑的担忧。

即使没有人察觉到这一问题，我们也还有很多问题需要解决。正如 21 世纪的前 10 年是评估增长的标准理论，以及跨越这一理论去尝试提出一个新的自主创新理论的好时机，现在我们也正应该评估当前我们对开发出更精密的机器人的人工智能进步影响的理解，并提出相应的理论，去解释将机器人引入经济部门会带来怎样的后果。

我在 2016 年简要阐述的一个理论指出，机器人大军的到来会导致就业和工资率下降，由此带来采用机器的行业或部门的价格下跌。但是，我认为这只是直接影响，而不是最终结果。这一波机器人带来的成本削减类似于外国工人涌入一个封闭经济的行业所带来的成本削减：经济学不会对此给出工资率和就业永久下降的预测。随着工资率的下降最终传递到整个经济，资本存量就会上升到一个新的稳定位置，在这里一开始失去的就业得到了恢复，工资率也回到了之前的水平。此外，利润率最初的提高会带来额外的投资，直到资本与人类和机器人劳动力的比率也回到先前的水平。

我们还需要更进一步，从这个简单模型发展到更复杂的模型。

本书的最后三章论述了一种新的创新，它与一直延续到最近的单一种类的创新有所不同。这些章节将传统上被称为劳动节约的一种创新纳入了讨论范围。这个问题在李嘉图预示了标准理论诞生的《论机器》一文中被提出，又在萨缪尔森的标准理论集大成之作中得到了解决，而在这本挑战标准理论的作品中，又将重提这个问题，颇有些让人意外。

这些章节探讨了引入机器人可能带来的一系列后果。可以说，这些机器人之间的一个关键区别在于，是将它们的劳动与工人们的劳动相加，还是增进了工人们的生产率，即是劳动增加型还是劳动增倍型机器人。

在这一框架下，单纯的一批劳动增加型机器人与上文概述的模型具有大致相同的影响：工资先下降，然后恢复。然而，在其中一个案例中，我们发现工资率只出现了部分的恢复。

当机器人属于劳动增倍型时，前景有了很大的改观。它们对工资的初始影响是不确定的，但工资率大幅上升的路径却是显而易见的。

我们希望这篇导论可以使读者们有兴趣阅读接下来的10章的研究。

附录

尽管一个命题或许能比一个正式的模型承载更丰富的内容，但是模型可能会揭示出无法由其他方式理解的可能的因果作用或渠道。自主创新的这类模型似乎就是这样的。熊彼特的命题经过了很长时间才以正式的模型呈现出来。基于这一命题的第一个增长模型是由索洛首先构建的。

$$dK_t / dt = sY_t \qquad (\text{S1})$$

$$Y_t = A(t)\text{F}(K_t, L) \qquad (\text{S2})$$

其中，总产出 Y 的增长是由 TFP $A(t)$ 的增长拉动的，后者是一个外生变量，即由经济之外的力量产生。

增长模型也可以基于本书所检验的命题建立。我们可以将索洛的强制函数 $A(t)$ 替换为状态变量 $B(N_t)$，它衡量的是累积自主创新的作用，自主创新 N_t 是由产生于经济体内部的想法带来的。

以本书理论构建的模型描述了一个围绕耐用消费品、中间品和制成品组织生产的经济体。劳动力是同质的，规模为 L，大量劳动者通常会参与新材料的制作，从而增加了中间资本存量 K_t。其中，有 ξ_t 数量的劳动者对新的耐用品产生了兴趣。（相对于其他可以选择的工作，他们更喜欢这类工作。）其他劳动者则不断用中间资产生产出新的耐用品，从而持续扩充耐用品库存 D。[51]

这个系统可以用以下两个等式表示：

$$dD_t / dt = F(K_t, L - \xi), F_1 > 0, F_2 > 0 \qquad (1)$$

$$dK_t / dt = G(K_t, \xi), G_1 \geq 0, G_2 > 0 \qquad (2)$$

（1）式中，对 D 的投资是对当前的未开发资产 K 和从事其生产的劳动力占比 $L-\xi$ 的递增函数，因此是对创造新资产的劳动力占比 ξ 的递减函数。（2）式中，对新的未开发资产的投资可能会在现有的这些资产存量中增加，同时在产生额外资本的劳动力的部分增加。[52]

后一种增长模型将人和新的想法纳入创新中，但没有包含想象和创造新产品的欲望背后可能存在的价值观变化，就像索洛模型也忽略了支配人们寻找新发现和取得科学进步的价值观转变。

章节概览

莱彻·博吉洛夫、吉尔维·索伊加、云天德

第一部分　估计创新——跨时比较与跨国比较

本书的第一部分包括三章，对不同国家的创新率进行了估计，并区分了自主创新与熊彼特式创新。其中第一章检验了从法兰西银行的历史数据中得出的 TFP 时间序列的最新计算结果，第二章研究了创新在不同国家之间的传播，第三章重点关注创新及其在 IT（信息技术）革命时期的传播。

第一章　创新：高速增长的来源

第一章展示了本书所使用的数据，包括生产率和创新的跨国比较。通过分析，我们得到了一系列特征性事实，这为我们接下来的分析指明了方向：

- 20 世纪 70 年代初以来，TFP 增长在全球范围内普遍放缓，到 2005—2006 年后已接近零增长。实证结果显示了创新的下降。

- 特别是美国和英国的 TFP 增长率在 20 世纪 90 年代和 21 世纪前 10 年只取得了部分的恢复，与 20 世纪 30 年代、50 年代和 60 年代的情况形成鲜明对照。因此，即使在美国和英国，IT 产业的创新似乎也并没有提升总的创新水平，也没有改善 TFP 增长。

- 各国人均 GDP 增长在相当程度上可以由 TFP 增长以及创新来解释，在一战前、两次世界大战之间以及战后恢复时期尤其如此。

- 与此同时，TFP 增长很大程度上也是由于对世界最佳实践国家的追赶。

- 各国在追赶世界最佳实践的能力上有很大差异。

- 早期，英国曾是全球 TFP 领导者，但是美国成功赶上并在 20 世纪 30 年代取代了英国的位置。随着时间的推移，还会有更多元的创新领导者出现。

- 因为没有哪个国家可以只靠追随别人而成为领导者，对数据的任何理论或实证检验都需要允许多个世界创新中心的存在。

第二章　自主创新来源及其跨国传播渠道

20 世纪初，至少有英国和美国两个国家在进行创新，随后扩散到整个世界。然而大多数现有针对宏观及产业层面生产率趋势的实证分析都没有考虑到多个创新中心的可能性。

我们提出了一个一般性的框架，用于研究创新（或 TFP 冲击）在整个世界的传播及其随时间的演变。接着我们将其应用于数据，并给出了实证结果。

我们区分了对在国外产生并引进到国内的创新的采用，以及由给定的国家自己产生的自主创新。因此，这一区分使我们能够将研究范围缩小到各国无法归为外部创新的那部分 TFP。

结果显示，二战之前，创新领域没有占主导地位的全球领导者。在一战之前，自主创新的主要产生者是英国、美国、法国，德国紧随其后。相对地，在两次世界大战之间，自主创新主要产生于美国和法国。在二战结束后的 30 年时间里，曾经饱受战争摧残的欧洲成功且快速地追赶上了当时的科技领导者美国，这一假设得到了来自欧洲大陆的实证结果的支持。

我们在这一方面的主要贡献在于限定了 1945—1972 年在欧洲大陆观察到的 TFP 高速增长主要是来自对世界科技前沿的追赶而非自主创新。

估计结果表明，相对于之前的 1950—1972 年，1972—2011 年的 TFP 增长率在全球范围内有接近 2% 的萎缩。在 20 世纪 70 年代最初的急剧下降之后，自主创新在美国、英国以及斯堪的纳维亚国家有部分复苏。而欧洲大陆的自主创新下降尤为剧烈，并且在七八十年代下降开始之后再也没有恢复过来。有一个显著的结果证明了我们对自主创新的强调是合理的，那就是由科学发现带来的外生创新在数量上不具有明显的重要性。

第三章　IT 革命时期的自主创新

本章主要关注 IT 革命时期的自主创新以及相应的生产率增长。首先，我们比较了这一时期各国自主创新的年均增长率，接着分国别考察了美国、英国、法国、德国和日本的发展动态。结果显示，相比二战后的前一时期，创新传播网络在 1990 年之后并没有发生结构性变化。而且，我们看到美国和英国的年自主创新率在 IT 革命时期只取得了部分恢复：尽管相对于 1970—1990 年有所提高，但仍低于战后直至 20 世纪 60 年代末的水平。我们的估计结果还说明，欧洲大陆和日本甚至连这样温和的复苏都没有经历。有趣的是，我们发现不同于二战后辉煌的 30 年，这些经济体在采用来自美国和英国的（IT）创新方面也反应相当迟缓。

第二部分　创新的根源及益处

这一部分共有 4 章，是关于在各国价值观体系下创新的根源，以及以工作满意度和劳动参与率衡量的创新的益处。第四章是对冰岛的成功创新者的案例研究。对这些创新者的访问是为了建立一套他们共同的价值观。在第五章和第六章，我们尝试在国家截面上建立这些价值观与创新的相关关系，以检验拥有这些价值观的国家会具有创新性这一假设。在这一部分的最后，第七章证明了创新对工作满意度和劳动参与率的影响。

第四章　案例研究：冰岛的成功创新者

在本章中，我们建立了一套共同的价值观及相应的态度，来描述4家成功的创新公司的创始人的特征。每家公司的建立都是基于一项自主创新，而不仅仅是对新技术的应用。我们发现和确定的这些价值观随后被用于在国家层面上对价值观与创新关系的研究。

我们采访这些创新者是为了建立一套有益于创新的个人和文化特征。总结如下：

- 创新者喜欢工作的回报属性，愿意在高度创造性的行业工作，并且重视财务独立。
- 创新者往往喜欢奈特不确定性。
- 他们能够接受失败，并且不会过分在意失败。
- 简单的法律法规（办事程序不会过于烦琐）有利于创新公司，获得融资和资金的便利性也具有同样的效果。
- 一个员工不会害怕向老板说出自己想法的扁平式组织结构对成功的公司而言是必不可少的。
- 另一个关键因素是对商业关系的信任。
- 面向世界市场而不是一开始就面向国内市场对于创新是有利的。
- 容忍失败和赞赏冒险的文化会鼓励创新。
- 拥有免费教育和医疗的福利国家可能在防止创新者的家庭遭受财务损失方面有所帮助。

第五章　价值观的力量

本章研究了 20 个 OECD（经济合作与发展组织）国家的价值观、制度与创新之间的关系。

我们使用典型相关分析法来描述价值观与创新之间的关系。这一方法对两个多维变量的互协方差矩阵提供了解释。为了进行典型相关分析，我们将一些观测到的量放到两个不同的变量集 X 和 Y 中，它们分别代表了潜在变量的两个多维分量，以下称为典型变量 X 和 Y。变量 X 衡量价值观，变量 Y 衡量创新。

接下来，我们对 X 和 Y 中的变量分配权重，从而为每个变量集分别建立一个线性组合 X^* 和 Y^*，以最大化典型变量之间的双变量相关性。我们选择一组被称为典型函数的线性组合来最大化两个潜在典型变量 X^* 和 Y^* 之间的典型相关关系。通过主成分分析，可以确定出几个不相关的分量或函数。

我们发现，在描述价值观和制度的一个潜在变量和测量经济绩效的另一个潜在变量之间，存在非常强的相关性。特别是我们发现，信任、采取主动、在工作中取得成就的愿望、教育孩子独立和接受竞争对经济绩效具有正向影响。相反，教育孩子服从则可能降低经济绩效。一个衡量经济自由度的指标（表示为对商品、资本和劳动力市场缺少监管）与经济绩效具有正相关关系。经济绩效是由本土 TFP 增长、引进 TFP 增长、工作满意度、男性劳动参与率和就业衡量的。生育率也包含在这个变量之中，作为衡量对未来乐观程度的一个指标。

第六章　个人价值观、企业家精神与创新

在本章中，我们将一组发达经济体在 1993—2013 年的 TFP 年均增长率与一个现代主义指数联系起来，研究发现，我们的现代主义指数和以 TFP 增长衡量的经济绩效指标具有较强的正相关性。这自然无法作为因果关系的一个证据，尽管我们的实证策略就是为解决内生性和反向因果的明显问题而设计的。

首先，我们考虑几个发达国家在对经济生活的信念、态度和社会规范方面的个人层面数据，这几个方面的指标来自第二轮世界价值观调查。利用这些数据，我们分别设计了一个现代主义指数和一个传统主义指数，接着对这组发达经济体在这两个指数与 TFP 年均增长率和自主及引进创新之间建立相关关系。我们在现代主义指数和生产率增长及创新之间发现了较强的正相关性。

第七章　创新、工作满意度与西欧国家的经济绩效

本章通过 16 个欧洲国家的样本来研究低创新率的后果。我们特地研究了这些低工作满意度与男性劳动参与率之间的关系。欧盟的工作满意度在整个时期是下降的，男性劳动参与率也是如此。

我们发现低水平的自主创新伴随着较低且下降的工作满意度、下降的男性劳动参与率和较少的测量幸福感。

在一个包含了非欧洲国家的样本中，我们发现以自主和传播创新、TFP 以及声称幸福的被访者比例衡量的经济绩效在欧洲大陆要低

于美国、英国、瑞典、荷兰、澳大利亚、加拿大和芬兰。

由此我们得出结论，低创新水平在很多欧洲国家可能对工作满意度和幸福水平产生不利影响。

第三部分　机器人的两种应用

在本书的最后一部分，我们转而关注机器人在劳动力中的引入。我们将机器人区分为替代人力和增进人类生产率的两种类型，然后对比这两种应用对工资和就业的影响。我们还比较了当资本固定不变和随时间缓慢移动时对机器人的影响。最后，我们探讨了机器人对创新率的作用。

第八章　增加型及增倍型机器人与传统机器的增长效应

本章讨论了在新古典增长模型背景下如何同时对机器人的创造和影响进行建模的问题。我们的方法是假设资本是具有适应性和灵活性的，既可以作为传统机器（即传统资本）使用也可以作为机器人使用。给定其适应性，一旦机器人技术可用，现有的传统机器存量就可以被改造成机器人投入使用。我们对增加型机器人和增倍型机器人这两种类型的机器人进行了建模。

增加型机器人可以发挥与人类工人同样的作用，因此对人类工人是完全可替代的。将增加型机器人表示为 R_A，人类劳动力表示为 H，总的劳动力（机器人和人类）就等于 R_A+H。人工智能和机器学习的发展还催生出另一种机器人，我们称之为增倍型机器人，它们可以增强劳动能力。这种人工智能赋能型机器人或增倍型机器人表示为 R_M。随着增倍型机器人的引入，总的劳动力（机器人和人类）变为 $(1+R_M)H$。

随着增加型机器人被创造出来，我们得到了一个严峻的结果，尽管总的（人类和机器人）劳动力在国民收入中的份额会趋向一个正的常数，但真实工资被永久性地压低了，（人类）劳动力在国民收入中的份额将趋近于零。相反，我们发现随着增倍型机器人的到来，尽管其即时影响会导致在采用机器人有利可图时传统机器的存量减少，但真实工资却不一定会下降，这是因为这种机器人的增倍属性带来的劳动增进效应抵消了这一不利影响。真实工资即使在一开始下降了，也会继续沿着平衡增长路径稳步提升，因为非人力财富即使在没有稳定的技术进步的支持下也会增长。长期来看，（人类）劳动力在国民收入中的份额依然是一个正的常数。

第九章　与厂房和实体建筑一起使用的增加型及增倍型机器人的工资效应

与第八章假设传统机器可以立即被改造成增加型或增倍型机器人使用不同，本章假设合作要素是一种缓慢调整的资产，比如需要花时间建造的厂房和实体建筑。这种投资的调整成本是非常大的。我们发现采用机器人会刺激对缓慢调整的非适应性资本的投资，从而对总的人类和机器人劳动力做出补偿。我们证明了这种互补性投资对工资水平具有向上的拉动作用。

当增加型机器人被引入，我们发现企业在生产流程中采用这种机器人有利可图时，真实工资会逐渐下降到一个永久性的低位，即使实体建筑的价格突然上升并逐渐增长到一个永久性的更高水平。因此，这一增加型机器人的极端情形证实了人们对引入机器人的恐惧，即担心它们会损害工人的工资收入并使那些非人力财富所有者变得更加富有。然而，长期来看，厂房和实体建筑的存量会上升，从而拉动真实工资恢复至原先水平。

然而，在增倍型机器人被引入的另一种极端情形中，我们发现固定的厂房和实体建筑存量具有两种相互抵消的作用：一种是要素密集度效应（短期内更多有效劳动力作用于不变的实体建筑供给），这往往会降低工资；另一种是劳动增进效应（增倍型机器人使每个工人效率更高），这会提高小时工资。我们得出这样一个结果，如果厂房和实体建筑的份额小于实体建筑和有效劳动力之间的替代弹性，那么引入机器人就一定会提升真实工资的整个增长路径。在长期，真实工资的增长还受到厂房和实体建筑形式的资本积累的进一步推动。

第十章 增加型机器人、相对价格与自主创新

在一个两部门模型中，我们用公式来表述以下观点：当增加型机

器人大量涌入资本品行业导致资本品价格下跌时，就会产生使消费品部门的自主创新更为有利可图的经济激励。这将导致经济中的一些工人从参与生产转移到参与创新活动中去。因此，只要消费品行业的创新势头不减，并对工资率产生向上的拉动作用，新的工资路径最终一定会得到提升。

我们建立的两部门模型有这样一个特征，在机器人被创造出来之前，一个部门只使用人力去生产一种资本品。这种资本品被用于生产一种纯消费品。在没有技术进步和人口增长的情况下，模型显示出一种静态均衡，其中工资、人均消费、资本品的相对价格和传统机器存量都是常数。随着增加型机器人的诞生，我们看到资本积累得到了促进，人均消费出现增长，而真实工资与资本品的相对价格一样，下降到一个永久性的更低水平。

我们还研究了一种两部门模型，其中消费品部门生产的一种产品，是由传统机器和同样使用传统机器作为投入品的非完全竞争厂商生产的一系列中间投入品一起生产的。自主创新的形式是改进这些中间投入品的质量。我们得出了两个主要结果：（1）资本品相对价格的下降会促进自主创新，并且推动真实工资上涨；（2）增加型机器人的出现鼓励了对传统机器的投资，这同样促进了自主创新。因此，一旦我们放弃第一种两部门模型的假设，允许自主创新提高消费品部门的生产率，增加型机器人就将有利于工资增长。

01

第一部分
估计创新
跨时比较与跨国比较

莱彻·博吉洛夫

第一章
创新：高速增长的来源

本章证明了生产率增长以及创新是人均 GDP（国内生产总值）长期增长的主要甚至最重要的来源。我们回顾了经济增长研究中几个主要概念的历史沿革，强调了创新在其中的核心地位，以及在总量水平上衡量生产率增长的难度。我们发现，标准经济分析很难适用于对创新的研究。我们将介绍我们的研究工作是如何与新近出现的制度和经济文化的研究相联系的。本章最后对我们的数据来源进行了综述，并通过描述性分析得到一系列特征性事实，为我们接下来的分析指明了方向。

引言

一直以来不断有经济学家发现，发达经济体超过 50% 的经济增长无法用生产投入要素（如劳动和资本）的积累来解释。类似地，他们发现在发达经济体，特别是在美国，各行业劳均产出 40%~60% 的增长是由 TFP 的增长驱动的，后者被定义为无法用生产投入要素的数量解释的那部分产出。因此，我们观察到的很多经济增长并不能归因于那些容易测量和理解的力量。然而，TFP 的持续差异对于解释我们所观察到的经济绩效的持续差异是至关重要的。

我们在本章对基本增长解释进行了简要回顾，并将我们的研究与现有文献关联起来。通过这种方式，我们希望强调在我们的调查研究中亟待解决的主要问题，特别是使用 TFP 总量数据的优势和弊端。接下来，我们展示了我们在生产率和创新的跨国比较中使用的数据，并以一系列特征性事实结尾，作为对后文分析的一个指引。

具体来说，各国人均 GDP 增长在相当程度上可以由 TFP 增长以及创新来解释。我们发现，20 世纪 70 年代初以来，发达经济体的生产率普遍下降了。IT 革命只是部分地减缓了这一趋势。因此，IT 产业的创新似乎未能提升创新总量以及 TFP 增长，即使在美国也是如此。同时，战后几十年的 TFP 增长在很大程度上是由于对世界最佳实践国家的追赶，而各国在追赶的能力上有很大差异。最后，得益于一个较长时间的 TFP 序列数据，我们证明了在早期，英国曾是 TFP 的全球领导者，但是美国成功迎头赶上，并在 20 世纪 30 年代取代了英国的位置。因为没有哪个国家可以只靠追随别人而成为领导者，对数据的任何理论或实证检验都需要允许多个世界创新中心的存在。

黑匣子

1927 年，保罗·道格拉斯和查尔斯·柯布提出了一种函数形式，用以描述美国资本、劳动力和以 GDP 衡量的总产出之间的显著特征。[1]
这两位美国人发现，多年以来，总产出在资本和劳动之间的分配几乎
是不变的。他们由此发明了一个数学表达式以描述美国宏观经济生活
的这一典型特征。他们的公式在分析上具有重要用途，却非常简单：

$$Y_t = A_t K_t^{\beta} L_t^{1-\beta}$$

其中，Y_t 代表 t 年的产出，A_t 代表 t 年总的技术水平，K_t 代表 t 年的资本，
L_t 代表 t 年的劳动，β 表示总产出中用于资本的份额，$1-\beta$ 表示总产出
中用于劳动以作为补偿的部分。总的技术水平 A_t 在经济学术语中被称
为 TFP 或多要素生产率。在公式的各组成部分中，TFP 是最神秘而难以
理解的：作为增长回归的残差，它正代表了经济学家们的无知。尽管如
此，人们普遍认为，创新会促进 A_t 的增长。尽管后来又出现了一系列变
体，这一公式仍是分析包括美国在内的整个世界经济增长的基准模型。

这个基准公式可以帮助我们对增长核算方法做一个有益的检验，
我们对其取自然对数，得到：

$$ln(Y_t) = ln(A_t) + \beta ln(K_t) + (1-\beta)ln(L_t)$$

对上式进行差分，我们得到，产出到 t 年的增长可以近似地由下式描述：

$$g_t^Y = g_t^A + \beta g_t^K + (1-\beta)g_t^L$$

其中，g_t^Y 是总产出的增长，g_t^A 是总的技术水平的增长，g_t^K 是资本的增长，g_t^L 是劳动的增长。在全国统计数据的帮助下，经济学家们一般很容易就能获得相当精确的产出、资本和劳动者等指标的跨时数据。尽管如此，还有一个无法观测到的指标，那就是 TFP，即 A_t。然而，假设经济学家们正确地设定了所有这些要素的函数关系，他们就可以得到 A_t 的一个估计值，作为产出 Y_t 对 K_t 和 L_t 回归的残差；通过类似的过程，我们也可以从增长回归中得到残差 g_t^A。

对 TFP 及其增长的估计结果有很多局限。其中之一就是这些估计量没有自然或有意义的单位。另一个更严重的局限是作为回归残差，它们描述了经济学家无法测量和解释的一切东西。因此，TFP 是一个黑匣子，它的组成部分和内部构成机制仍然是难以甚至无法进行研究的。也许是为了向学生们证明这门"沉闷的科学"还有那么一点幽默感，很多经济学家会将 TFP 称为索洛残差。

因此，经济学家们很难从总量上测量一个经济的创新水平及其增长。他们只知道创新是 TFP 的一个组成要素，并且估计的 TFP 是创新水平的上限。更糟糕的是，自 Barro and Sala-i-Martin（1992）以来的增长文献不断发现，无论是在发达经济体还是发展中经济体，标准增长回归中的劳动和资本变化对观测到的 40%~60% 的产出增长都无法做出解释。[2] 换句话说，有 40%~60%（有时甚至更多）的产出增长落入了索洛残差，或者委婉地说，TFP 的范畴。这一结果表明了经济学家一贯无知。

以上的简短讨论证明了我们对创新及其活力的研究挑战根植于

标准经济学理论之中。直到最近，经济学家们还对宏观经济学抱有一种相当机械化的观点：经济活动的要素——TFP 增长、企业投资规模、就业水平和工作满意度，全部是由被称为经济状态的初始条件决定的。标准模型就是为阐明这种决定机制而建立的。在微观经济学方面，个人也没有被看作可以发挥积极作用的角色。市场经济的标准模型基本上将经济中的个体参与者视为机器人，就好像他们被编制了程序，可以计算出对价格等数据的正确反应。在这样的框架下，标准经济学理论除了在数量上为创新设置上限，不可能对这一经济生活中的核心要素做出任何有意义的解释。然而，近期欧美糟糕的经济表现诱使不少经济学家放下了从大学里获得的标准工具包，将目光投向更远的地方。我们希望对这方面的研究做出一定贡献。

我们通过一组给定的发达经济体的 TFP 估计值来研究 TFP 冲击的跨国和跨时传播。接着我们研究了 TFP 冲击（可能是创新冲击的代理指标）动态的典型特征差异与各国之间关于经济生活的信念和态度差异具有怎样的相关关系。在深入分析这些问题之前，我们先对相关研究进行综述，并通过对这些数据的简单描述性分析总结出一些特征性事实。

相关研究

除了对 TFP 与创新有关的这一宽泛性理解，经济学家对于 TFP 的来源及其活动规律都没有太多认识。Nelson and Phelps（1966）以及最近的 Aghion and Howitt（1992）和 Aghion, Howitt and Murtin（2011）在对 TFP 增长的统计结构的理解上取得了一些进展。[3] 直观地说，他们定义了一个最佳生产实践的前沿，并且规定一个国家以 TFP 增长衡量的生产率增长，随着该国自身的技术水平接近世界最佳实践而逐渐上升。其他相关研究包括 Amador and Coimbra（2007）、Barro（1991）、Baumol（1986）、Lucas（1988）、Romer（1986, 1990）和 Sala-i-Martin（1997）。[4] 我们的研究遵循了相同的研究传统，但与现有文献在几个方面有所区别。

我们考虑一个一般化的 Aghion-Nelson-Phelps 框架，由此我们能将各国的 TFP 增长分解成两个部分。第一个部分是我们熟悉的引进创新，与之相联系的是追赶世界最佳实践。第二个部分是自主创新，它来自一个国家本身并同时推进了该国和整个世界的最佳实践前沿。这一设定使我们可以进一步探讨被前述研究忽略的几个问题。首先，我们允许每个国家产生创新，这将在世界范围内推进技术前沿。其次，我们允许创新以不同的速度在国家间扩散，具体取决于两国之间传播机制的有效性。因此，一项创新在全世界被采用的速度可能取决于这项创新的来源国。最后，这样的一般化使我们能够详细地描绘出创新冲击是如何在整个世界传播的。

总量 TFP 数据的局限性促使很多研究者使用微观层面的数据来研究创新。Acemoglu, Akcigit, and Kerr（2016）使用 1975—2010 年的专利数据测量不同领域之间的文献引证网络，发现一个领域专利数量的上升会带来相连领域的未来创新。[5]Akcigit, Grisby, and Nicholas（2017）基于美国1880—1940年的专利数据发现，地理上连接更多州的州更具有创造力。[6]此外，Mohnen and Belderbos（2013）描述了部门之间与国家之间基于引证数据的溢出权重矩阵，以研究和评估R&D政策在欧洲范围内的影响。[7]Moser, Voena, and Waldinger（2014）基于1880—1940年和1920—1970年的数据证明了移民更多的领域经历了更快的增长。[8]

最近这些使用微观数据的研究做出了非常重要的贡献，但是研究中所使用的指标，尤其是专利指标，有其本身的问题，并且只提供了对于创新的部分理解。例如，由于购买专利产品后对其使用而产生的创新和生产率增长没有通过专利数测量出来。此外，行业机密也是没有专利的创新。还有很多像互联网之类的创新，特别是在过去，也是没有专利的，但是它们确实对生产率产生了巨大的积极影响。在其他一些情况下，专利被用于阻止潜在竞争者的进入，美国政府对莱特兄弟的飞机授予的专利就是如此，结果，尽管是最早制造出现代飞机的国家，美国却不得不在一战期间购买和使用法国和英国的飞机。事实上，之所以是法国和英国相继开创了商事权利，而不是美国，正是由于美国受困于与专利权有关的漫长司法斗争。企业和产品的周转率也具有类似的优点和弊端。

我们并没有完全抛弃基于具体创新指标的前人研究，也没有贬低其作用。在我们的研究中，我们只是沿着从代表性的总量指标出发的另一条路径，去分析它们在不同国家之间和随时间变化的统计学特征。事实上，我们认为对具体创新指标的研究对我们的研究是一种补充而不是替代。我们所选择的要素分析或空间计量经济学方法，是由我们对 TFP 动态指标的研究选择所决定的。创新并没有一个通用的测量方法，所有现有的备选方案都各有利弊，具体取决于研究背景。我们提出的研究议程旨在探索 TFP 这一现有指标在不同国家和不同时期的动态机制和空间依赖，从而在国家层面研究创新动态是如何变化的。

我们的研究还涉及内生增长的文献以及在创新和自动化方面最新的一些研究进展。Zeira（1998）基于任务的模型对自动化建模提供了一个较早的简洁而优雅的方法。[9] 我们设定的模型高度借鉴了 Zeira（1998）的框架。这样做的一个重要原因是 Kaldor（1961）发现的稳定增长率和资本份额模式在近几十年似乎已经不再成立。[10] 这一类扩展文献最新的重要成果包括 Peretto and Seater（2013）、Hémous and Olsen（2016）和 Aghion, Jones, and Jones（2017）。[11] 后两篇论文考虑了固定的替代弹性而不是 Zeira（1998）使用的柯布-道格拉斯技术。[12] 除了讨论将自动化引入内生增长模型的不同方法以及相关的对稳态经济的描述，这些论文还讨论了他们的框架对于高技能和低技能工人之间收入不平等的启示。我们的理论和实证研究重新检验了 Baumol（1967）所强调的一些问题，该文发现生产率在某些部门相对于其他部门的高速增长可能会导致一种"成本病"，即增长缓慢的部门在经济中的重要性不断上升。[13]

一个流行的替代性一般均衡框架假设资本、劳动和产品市场方面的经济制度对该经济的运行和绩效具有重要影响。这类文献中最重要和有影响的成果是 Acemoglu, Johnson, and Robinson（2001）及相关后续研究，包括 Acemoglu and Robinson（2012）。[14] 较早之前，Kydland and Prescott（1990）提出了一组特征性事实，来说明就业税与劳动参与率之间的负相关关系。[15]Hoon and Phelps（1997）证明了在一个封闭经济中，对工资的增税在某些特定条件下会使自然失业率上升。[16]但 Hoon and Phelps（1997）也指出，在一个小型开放经济中，利率由世界利率决定，税收转移对就业是中性的。这个框架得到了大量证据的支持，那些自 20 世纪 90 年代（至少在 2008 年以前）以来经济表现不佳的经济体，恰好采用了被认为"糟糕的"制度，比如对劳动力市场的过度监管、烦琐的办事程序、对资本和贸易流的控制等。例如，Prescott（2004）比较了美国和欧盟的税制和政府转移支付，并将两者之间的差异与其经济绩效差异联系起来。[17]Aghion and Howitt（1998, 2006）对相关文献做了更详细的综述。[18]

我们的研究方法与这类文献有关，但有两点主要的不同之处：首先，我们试图在一个经济体的特征与个人态度和信念之间建立联系；其次，我们关注创新的条件和创新倾向，而不是产权保护、过度监管等方面。这种差异乍看起来可能并不显著，但它是真实存在的，我们很快就会看到。在 Phelps（2013）中引入并在本书中使用的活力理论建立在休谟、柏格森、弗里德里希·哈耶克和迈克尔·波兰尼等人的见解基础之上。[19] 如哈耶克所说，每个人都掌握着被称为"专门技能"的某些知识，它们是实用的、具体的。[20] 它们往往又难以用正式的科学术语做出解释，也就是"个人的知识"。这种知识生长于已知与未知的边界。Bergson（1911）认为这种知识是任何行为背后的驱动力，是生命本身的力量。[21] 因此，在一个结构适当的经济中，新的商业想法可能会因行为人将他们的哈耶克式专门技能与休谟式想象结合在一起而产生。

数据与描述性分析

我们使用的是法兰西银行研究部 Bergeaud, Cette, and Lecat（2016）慷慨提供的人均 GDP、TFP 和劳动生产率数据。[22] 简单地说，Bergeaud, Cette, and Lecat（2016）试着尽可能严格地遵照佩恩表的编制方法，将人均 GDP 和 TFP 的时间序列数据尽量回推。[23] 他们的论文详细地介绍了相关研究方法。我们计算了 13 个发达国家的人均 GDP、劳动生产率和 TFP，包括澳大利亚、加拿大、芬兰、法国、德国、意大利、日本、荷兰、挪威、西班牙、瑞典、英国和美国。用于计算劳动生产率的是国民经济账户的历史数据，这使国际比较（如 Maddison 2003）成为可能。[24] 这些数据都是年度数据并且大都覆盖了 1870—2014 年这一时期。对 TFP 的计算依据三个基本序列：GDP、劳动力和资本。对于劳动力，Bergeaud, Cette, and Lecat（2016）需要关于总就业和工作时长的数据。[25] 资本指标是通过对两个对应的投资数据集（IE 和 IB）分别使用永续盘存法构建的。为此，我们使用了尽可能长时期的投资信息。与 Cette, Kocoglu, and Mairesse（2009）相同，用于构建资本序列的折旧率分别为设备 10.0%、建筑 2.5%。[26]

我们首先简要介绍人均 GDP 在几个主要发达国家的总体发展趋势。图 1.1 描述了人均 GDP 在美国、英国、法国、德国和日本的变化情况。从图中可以看出，在一战之初，美国已经成功赶上英国，且两国在两次世界大战之间继续保持了相似的人均 GDP 水平。然而，在二战期间及战后，美国的人均 GDP 增长明显加速，并导致了美英两国走上了分岔的路径。英国在整个 20 世纪六七十年代持续低于美国的增长水平，直到 90 年代才开始向美国的人均 GDP 水平收敛，但收敛程度仍然有限。事实上，图 1.1 最显著的特征是，在整个研究时段虽然有几次快速的经济增长，但没有一个主要经济体实现了与美国人均

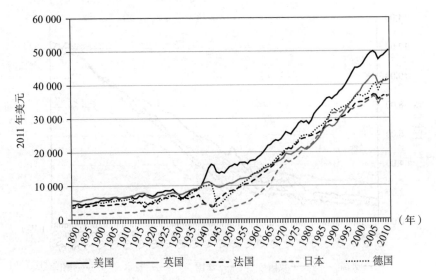

图 1.1　法国、德国、日本、英国和美国的人均 GDP 比较

数据来源：法兰西银行。

GDP 水平的收敛。显而易见，两次世界大战必然对这种差异负有一定责任，但即使在全球经历了相对和平的六七十年之后，仍没有出现完全的收敛，这是令人困惑的。

接下来，图 1.2 描述了同一组国家对应的 TFP 数据的变化情况。以 TFP 来看，美国直到 20 世纪 30 年代才赶上英国。而且，从图中可以看出，在整个战后时期，尤其是 20 世纪五六十年代，主要的欧洲大陆经济体的 TFP 都在向美国收敛。然而，一方面是美国和英国，另一方面是法国和德国，增长路径在 90 年代中期后又开始出现分岔。有趣的是，图 1.2 显示日本人均 GDP 的惊人增长大部分应归因于资本积累，而不是 TFP 以及创新的增长。

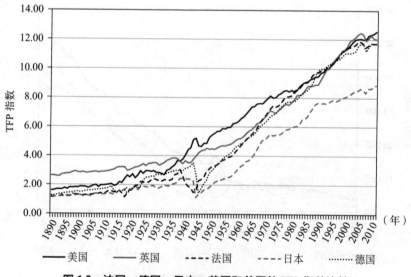

图 1.2 法国、德国、日本、英国和美国的 TFP 指数比较

数据来源：法兰西银行。

图 1.3 展示了美国人均 GDP 的累积增长和 TFP 累积增长之间的长期关系。直到 20 世纪 60 年代中期，两个增长率都在相互重叠且具有几乎相等的量级。在此之后，人均 GDP 的增速就远超 TFP。事实上，我们能注意到在 60 年代末和 70 年代，TFP 增长实际上变慢了。然而，在 80 年代后，TFP 增长又重新提速，但相对其五六十年代的表现只实现了部分的恢复。图 1.3 中最令人惊讶的是，以 TFP 增长衡量，美国的最好时期竟然是在三四十年代。

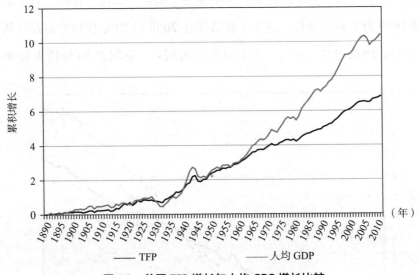

图 1.3 美国 TFP 增长与人均 GDP 增长比较

数据来源：法兰西银行。

美国人均 GDP 增长高于相关的 TFP 增长这一事实，可能部分地可由人力资本对经济增长的贡献增加来解释。但图 1.3 仍反映了一个关键的不良趋势：TFP 增长在绝对和相对的两个方面都出现了放缓。

我们将在后面的章节中进一步对此进行研究。因为创新是包含在 TFP 之中的，我们观察到的这一动向就凸显了一个令人不安的前景，即创新自 20 世纪 60 年代以来实际上在减慢。而且，令人有些惊讶的是，没有证据显示 80 年代末期以来的 IT 革命使创新总量产生了前所未有的加速增长。实际上，对于 TFP 增长率，我们只记录到一个温和的复苏，略低于其五六十年代的水平，并远低于三四十年代的最高水平。

图 1.4 显示了 TFP 增长的减慢不是美国特有的现象，而是过去四五十年的一个全球性趋势。图中描述了美国、法国、德国、日本和英国的 TFP 累积增长。这 5 个经济体在 20 世纪 70 年代初之后都经历了 TFP 增长的整体下滑，可能只有英国例外。英国在 80 年代末和 90

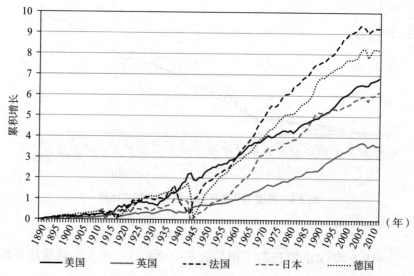

图1.4 法国、德国、日本、英国和美国 1890 年以来的 TFP 累积增长

数据来源：法兰西银行。

年代实际上短暂地使它的 TFP 增长得到加速，在同一时期达到了与美国的增长率相当的水平。总的来说，美国和英国在 90 年代和 21 世纪初表现得比同组的其他国家要好，因为它们实现了高于 70 年代但略低于五六十年代的 TFP 增速。最引人注目的是，在 2005—2006 年后所有 5 个经济体的 TFP 增长都几乎为零。过去 10 年的结果甚至比大萧条还要令人担心，因为它们显示了在每个发达经济体内部创新总量的枯竭。

表 1.1 和表 1.2 是对同样的数据截取了不同部分。它们分别报告了数量稍多的几个国家 TFP 和人均 GDP 的累积增长，报告的 5 个时期界定清晰，包括一战前的 20 年、1919—1939 年的两次世界大战之间、1950—1970 年的战后恢复时期、1970—1990 年的石油危机时期和 1990—2010 年的 IT 革命时期。每个时期各等于 20 年，这使我们可以对增长率进行有意义的比较。

表 1.1　一战前、两次世界大战之间、战后恢复时期、石油危机时期和 IT 革命时期的 TFP 累积增长

国家	1914 年之前	1919—1939 年	1950—1970 年	1970—1990 年	1990—2010 年	1970—2013 年
加拿大	0.313	0.228	0.388	0.137	0.160	0.164
德国	0.240	1.096	1.219	0.554	0.199	0.219
法国	0.291	1.166	1.102	0.494	0.194	0.206
英国	0.150	0.216	0.452	0.378	0.355	0.352
意大利	0.200	0.299	1.188	0.382	0.031	0.007
日本	0.063	0.365	1.810	0.492	0.144	0.174

国家	1914 年之前	1919—1939 年	1950—1970 年	1970—1990 年	1990—2010 年	1970—2013 年
瑞典	0.604	0.669	0.657	0.198	0.371	0.384
美国	0.201	0.381	0.446	0.243	0.302	0.330

数据来源：法兰西银行。

表 1.2　一战前、两次世界大战之间、战后恢复时期、石油危机时期和
IT 革命时期的人均 GDP 累积增长

国家	1914 年之前	1919—1939 年	1950—1970 年	1970—1990 年	1990—2010 年	1970—2013 年
加拿大	0.692	0.186	0.653	0.507	0.308	0.346
德国	0.260	1.090	1.792	0.650	0.292	0.339
法国	0.362	0.705	1.268	0.623	0.244	0.259
英国	0.229	0.286	0.661	0.619	0.457	0.484
意大利	0.284	0.411	1.958	0.745	0.152	0.096
日本	0.311	0.541	3.972	1.044	0.170	0.208
瑞典	0.752	0.953	0.913	0.417	0.388	0.409
美国	0.415	0.239	0.581	0.554	0.333	0.387

数据来源：法兰西银行。

表 1.2 和表 1.3 显示，美国和其他主要经济体在二战后"辉煌的"三四十年中经历了人均 GDP 和相应的劳动生产率的最高增长。表 1.1 证实了人均 GDP 很大一部分的增长可以归因于 TFP 的高速增长。并

且，它突出地显示了在二战结束后，所有国家都在 20 世纪五六十年代经历了它们最高水平的 TFP 增长。该表还显示，大部分欧洲大陆国家在 1970—1990 年的 TFP 增长实际上都要高于之后的时期。而即使是美国、英国和瑞典在 1990—2010 年记录的 TFP 增长也远低于战后恢复时期。关于这个数据的另一个有趣的地方在于，大部分国家在战后恢复时期都实现了比美国更高的 TFP 增长率。但是似乎与美国的 TFP 水平差距越小，TFP 增长也变得越慢。

表 1.3　一战前、两次世界大战之间、战后恢复时期、石油危机时期和
IT 革命时期的劳动生产率累积增长

国家	1914 年之前	1919—1939 年	1950—1970 年	1970—1990 年	1990—2010 年	1970—2013 年
加拿大	0.591	0.208	0.664	0.311	0.297	0.315
德国	0.407	1.192	2.036	1.012	0.419	0.394
法国	0.466	1.571	1.622	0.985	0.395	0.395
英国	0.211	0.360	0.830	0.677	0.594	0.580
意大利	0.336	0.495	2.288	0.776	0.186	0.165
日本	0.574	0.726	3.202	1.277	0.507	0.465
瑞典	0.904	0.828	1.258	0.416	0.482	0.502
美国	0.385	0.556	0.628	0.338	0.489	0.498

数据来源：法兰西银行。

我们进一步研究这个假设。首先对每个时期的平均 TFP 增长率和

相应国家与期初 TFP 水平最高的国家间的差距绘制相关图，结果如图 1.5—图 1.9 所示。我们在每张图中加上了简单回归线及相关的回归等式和拟合优度。结果显示，在所有研究时期，TFP 前沿距离（各国 TFP 水平与世界最高水平之差）与 TFP 增长之间呈正相关关系。因此，这一简单回归分析有力地说明了对世界最佳实践的追赶是战后取得 TFP 和人均 GDP 稳健增长的主要原因。然而，这些图也显示了不同时期之间令人难以理解的差异。特别是，我们发现追赶假设似乎在解释 20 世纪 50 年代初到 80 年代末的数据模式方面表现极佳，而对 1990 年后和一战前的数据拟合性较差，这表明在这些时期各国之间还未出现较大规模的技术收敛。

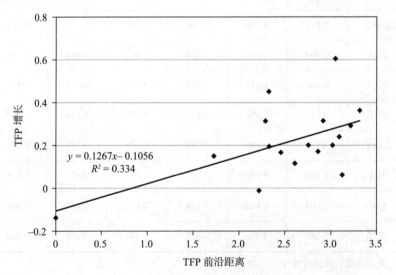

图 1.5　TFP 增长与 TFP 前沿距离之间的相关关系（一战前）

数据来源：法兰西银行。

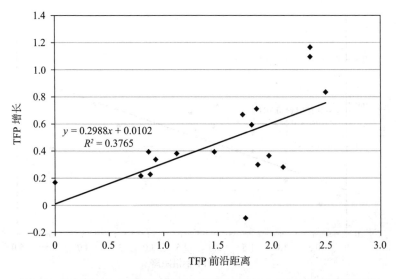

图 1.6 TFP 增长与 TFP 前沿距离之间的相关关系（两次世界大战之间）

数据来源：法兰西银行。

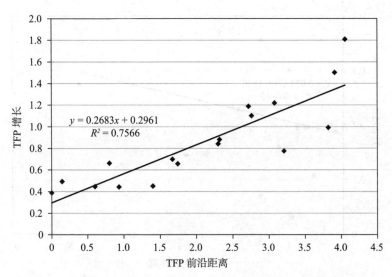

图 1.7 TFP 增长与 TFP 前沿距离之间的相关关系（战后恢复时期）

数据来源：法兰西银行。

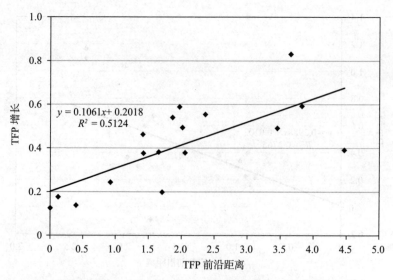

图 1.8 TFP 增长与 TFP 前沿距离之间的相关关系（石油危机时期）

数据来源：法兰西银行。

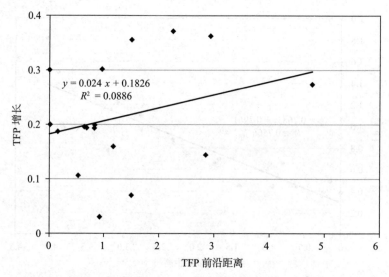

图 1.9 TFP 增长与 TFP 前沿距离之间的相关关系（IT 革命时期）

数据来源：法兰西银行。

特征性事实

从前文对数据的描述性分析，我们可以得到几个结论，为后面的模型和实证研究提供指引。

1. 20 世纪 70 年代初以来，TFP 增长在全球范围内普遍放缓，到 2005—2006 年后已接近零增长。实证结果显示了创新的下降。

2. 特别是美国和英国的 TFP 增长率在 20 世纪 90 年代和 21 世纪前 10 年只取得了部分的恢复，与 20 世纪 30 年代、50 年代和 60 年代的情况形成鲜明对照。因此，即使在美国和英国，IT 产业的创新似乎也并没有提升总的创新水平，也没有改善 TFP 增长。

3. 各国人均 GDP 增长在相当程度上可以由 TFP 增长以及创新来解释，在一战前、两次世界大战之间以及战后恢复时期尤其如此。

4. 与此同时，TFP 增长很大程度上也是出于对世界最佳实践国家的追赶。

5. 各国在追赶世界最佳实践的能力上有很大差异。

6. 早期，英国曾是全球 TFP 领导者，但是美国成功赶上并在 20 世纪 30 年代取代了英国的位置。因为没有哪个国家可以只靠追随别人而成为领导者，对数据的任何理论或实证检验都需要允许多个世界创新中心的存在。

第二章
自主创新来源及其跨国传播渠道

我们提出了一个分解 TFP 的一般性框架，在这个框架中考虑了各国长期持续的创新冲击和这种冲击在国家之间的传播。在二战之前，自主创新的主要产生者是美国、英国和法国，而二战以来，美国则主要承担了产生创新冲击并向其他国家传播的职能。

引言

第一章展示的数据模式清楚地表明，对 TFP 增长和创新在较长时间范围的分析需要考虑多种自主创新来源存在的可能性。该数据至少说明了在 20 世纪早期，有英国和美国两个国家在产生创新并随后传播到全世界。否则，美国永远也不可能赶上并超过英国，成为世界最佳实践的产生者。然而，大多数现有的对宏观和产业层面生产率趋势的实证分析都假设不存在多个创新中心的可能性。在下文中，我们会试着打破这一局限，提出一个一般性的框架，以用于对创新（或 TFP

冲击）在世界各地传播及其随时间变化的研究。接着我们会解释我们的框架如何与数据结合，并展示其应用于 TFP 数据的实证检验的检验结果。

我们区分了对来自国外的创新的采用和由给定国家自己产生的自主创新。两种创新都会对一个国家的 TFP 增长做出贡献，但是只有当某些国家产生了自主创新，全球生产率才能实现长期增长。因此，我们通过这一区分将研究范围缩小到各国无法归为外部创新的那部分 TFP。

结果显示，二战之前，在创新领域没有占主导地位的全球领导者，这一时期似乎可明确划分为两个阶段：1870—1914 年和 1919—1939 年。在一战之前，自主创新的主要产生者是英国、美国、法国，德国也紧随其后。相对地，在两次世界大战之间，自主创新则主要产生于美国和法国。我们还发现，美国在二战期间经历了高速的生产率增长。而自二战以来，大多数创新都来源于美国，之后才是英国和斯堪的纳维亚国家。此外，这些国家的创新率在战后也一直是最高的。

最后，我们注意到世界各国在 1946—1972 年的 TFP 增长要远高于 1972—2012 年，这一方面是由于更高的追赶速度，另一方面则是来源于更快的自主创新。

两个农民的故事

我们借幻想国的两位典型农民艾丽丝（A）和鲍勃（B）来建立

我们的分析框架。艾丽丝和鲍勃是一对好邻居，他们经常讨论农活和庄稼收成。艾丽丝对新的种子和作物、新的机械、新的杀虫剂和杀菌剂持开放态度，她甚至尝试通过作物杂交来创造新的品种。相反，鲍勃则比较传统，坦率地说，他看不到摆弄这些未经检验的东西有什么好处或乐趣。同时，他也不认为扮演上帝来创造自己的杂交作物有什么意义，它们有可能在品质上优于现有品种，但也很有可能不如现有品种。

艾丽丝毕生的计划是发明一种橙色的杂交胡萝卜。读者可能会感到有些诧异，但艾丽丝和鲍勃生活在一个与世隔绝的国家，所以他们并不知道早在17世纪荷兰人就已经这样做了。因此，自古以来，艾丽丝、鲍勃和他们的同胞就只知道浅黄色和深红色的胡萝卜。但是艾丽丝坚持了下来，终于有一天，她成功地用深红色和浅黄色胡萝卜杂交出了拥有明快而漂亮的橙色的胡萝卜。他们国家的每个人都为艾丽丝的橙色胡萝卜感到欣喜若狂。只因为这些胡萝卜长得更好看，人们就想象它们（因此）更好吃。橙色胡萝卜的价格也一路飙涨，因为人们再也不愿意回头去吃其他品种的胡萝卜了。

即使是鲍勃也明显意识到，橙色胡萝卜的地位已经无法撼动，并且种植它们会获得丰厚的回报。深思熟虑了几年之后，某晚在篱笆旁与艾丽丝聊天时，鲍勃向她要了一些杂交胡萝卜的种子，甚至询问了她杂交作物的方法。第二年春天，鲍勃做出了种植橙色胡萝卜的重大决定。整件事极大地动摇了他的人生信念，最终他开始了追求自己童年梦想的冒险——创造黑色的番茄。他做到了，他的黑色番茄取得了巨大的商业成功。一向乐于接受新想法的艾丽丝也尝试了种植这种番茄，结果发现黑色番茄是一个非常难以捉摸的品种，无法在鲍勃的菜园以外的地方生长，因为那里有特定的土壤、光照和湿度条件。因此，直到今天，鲍勃仍然是幻想国唯一种植黑色番茄的人。

这个简单的故事说明了几个重要的观点。首先，经济创新不一定涉及重大的科学或技术突破，在很多情况下都并非如此。在我们有关胡萝卜的故事中，经济创新可能是由消费者喜好驱动的，比如蔬菜的颜色，这与任何"客观的"科学属性无关。其次，经济人可能会相互学习，从而使创新得到推广。再次，如果经济参与者之间关系融洽、语言相通、文化相似或拥有共同信念和态度，这种传播可能会较快地发生。最后，即使是成功的创新也有可能由于某些原因无法得到广泛采用，比如独特的生产条件或消费者喜好。

我们可以用简单的数学形式来扼要地表述艾丽丝和鲍勃的故事。用 T_{At} 和 T_{Bt} 分别表示艾丽丝和鲍勃在 t 年的生产率的对数，那么相应的生产率年增长率就分别为 ΔT_{At} 和 ΔT_{Bt}。我们将每个农民在 t 年的创新设为 η_{it}，$i=A, B$，并假设这种创新对生产率增长具有正向影响。如果我们的朋友艾丽丝和鲍勃关系不佳，因此从不分享种子或关于各自农场的信息，那么创新就不会得到推广，所以生产率增长为：

$$\Delta T_{At} = \eta_{At}$$
$$\Delta T_{Bt} = \eta_{Bt}$$

回忆一下，鲍勃最初对新事物是非常怀疑的，所以

$$\Delta T_{Bt} = \eta_{Bt} = 0$$

但是，我们知道艾丽丝和鲍勃其实是朋友，所以他们会交谈并交换想法和种子。因此，他们之间会发生创新的传播。当鲍勃采用了艾丽丝的创新但自己没有进行任何创新活动时，上面的增长公式变为：

$$\Delta T_{At} = \eta_{At}$$
$$\Delta T_{Bt} = \theta_{AB}\eta_{AT-1}$$

其中系数 θ_{AB} 表示鲍勃在多大程度上成功地应用了艾丽丝过去的创新。我们对这个系数的大小不施加任何限制。例如，$\theta_{AB}>1$ 表明鲍勃不仅接受了艾丽丝的想法，而且最终成为一个更好的橙色胡萝卜生产者，原因可能是他的农场土壤更适合这一新品种的生长。相反，$\theta_{AB}<1$ 则可能意味着鲍勃虽然采用了艾丽丝的创新，但这项创新对鲍勃的生产率没有产生太大的影响，这可能是因为他对这项创新技术的掌握不如艾丽丝娴熟，也有可能因为他的土地不适合对艾丽丝创新的应用。

还有一种可能是，艾丽丝创新对艾丽丝生产率的总的影响要经过一年多的时间才能完全显现。因此，在某个给定年份，艾丽丝的生产率不仅受到该年创新的影响，还会受到往年创新的影响：

$$\Delta T_{At} = \sum_{k=1}^{t} \alpha_{Ak} \eta_{Ak}$$

其中，系数 α_{Ak} 代表 k 年的创新对艾丽丝在 t 年的生产率的影响。类似地，我们可以得到一个更一般化的鲍勃生产率增长公式：

$$\Delta T_{Bt} = \theta_{AB} \sum_{k=1}^{t-1} \theta_{ABk} \beta_{Ak} \eta_{Ak}$$

其中，系数 β_{Ak} 代表艾丽丝在 k 年的创新对鲍勃在 t 年的生产率的影响。

但是，回忆一下，鲍勃最终自己成为一个成功的创新者。在最一般化的设定下，上面的公式变为：

$$\Delta T_{Bt} = \sum_{k=1}^{t} \beta_{Bk} \eta_{Bk} + \sum_{k=1}^{t-1} \theta_{ABk} \beta_{Ak} \eta_{Ak}$$

其中，第一个求和项表示过去和现在的创新冲击对鲍勃在 t 年的生产率增长的贡献，第二项是我们已经熟悉的艾丽丝往年的创新冲击对鲍勃生产率增长的贡献。系数 β_{Bk} 代表鲍勃在 k 年的创新对鲍勃在 t 年的生产率的影响。我们得到一个与艾丽丝相同的等式：

$$\Delta T_{At} = \sum_{k=1}^{t} \alpha_{Ak} \eta_{Ak} + \sum_{k=1}^{t-1} \theta_{ABk} \alpha_{Bk} \eta_{Bk}$$

我们还指出，某些创新可能是比较困难甚至是无法向外传播的，也就是说，可能会存在仍然为某个市场所独有的创新。我们通过以下假设使这一概念可操作化：

$$\eta_{it} = \eta_{it}^{T} + \eta_{it}^{NT}$$

其中，η_{it}^{T} 代表可传播创新冲击，η_{it}^{NT} 代表非可传播创新冲击，$i = A, B$。通过对创新冲击的这一设定，我们可以得到更为一般化的生产率演变公式：

$$\Delta T_{At} = \sum_{k=1}^{t} \alpha_{Ak}^{T} \eta_{Ak}^{T} + \sum_{k=1}^{t} \alpha_{Ak}^{NT} \eta_{Ak}^{NT} + \sum_{k=1}^{t-1} \theta_{BAk} \alpha_{Bk} \eta_{Bk}^{T}$$

$$\Delta T_{Bt} = \sum_{k=1}^{t} \beta_{Bk}^{T} \eta_{Bk}^{T} + \sum_{k=1}^{t} \beta_{Bk}^{NT} \eta_{Bk}^{NT} + \sum_{k=1}^{t-1} \theta_{ABk} \beta_{Ak} \eta_{Ak}^{T}$$

特别要注意的是，我们允许可传播和非可传播创新冲击的影响在同一个国家内有所不同。

一般模型

以公式来表述，我们考虑一组国家 J，并研究 i 国在 t 年的 TFP 年增长量，记为 ΔT_{it}。我们的目标是将增长按照一系列因素进行分解：

$$\Delta T_{it} = \sum_{j=1}^{J} \left(\sum_{k=1}^{t} \theta_{ijk} \alpha_{jk} \eta_{jk} \right) = \sum_{j=1}^{J} \sum_{k=1}^{t} \psi_{ijk} \eta_{jk}$$

其中，η_{jk} 表示 j 国在 k 年的创新冲击。($\sum_{k=1}^{t} \theta_{ijk}\alpha_{jk}\eta_{jk}$) 是 j 国相关的往年创新冲击的加权和，系数 θ_{ij} 是 j 国最佳实践冲击对 i 国 TFP 增长的影响。对这一等式进行简化，我们得到 $\psi_{ijk}=\theta_{ij}\alpha_{jk}$，表示 j 国在 k 时期的一次创新冲击对 i 国的边际效应。在本国影响的特例中，i 国在 k 时期的一次创新冲击对其本国的边际效应表示为 ψ_{iik}。

为了便于概念表述，我们将 TFP 增长看作自主创新和引进创新两个部分之和。我们将 i 国的自主创新定义为在 t 期仍对其生产率增长产生影响的所有往期创新冲击的加权和：

$$\Delta T_{it}^{I} = \sum_{k=1}^{t} \psi_{iik}\eta_{ik}$$

过去和现在来自国外的仍对 i 国生产率产生影响的创新冲击定义为引进创新：

$$\Delta T_{it}^{M} = \sum_{j \neq i} \sum_{k=1}^{t} \psi_{ijk}\eta_{jk}$$

因此，TFP 增长就是自主创新与引进创新之和：

$$\Delta T_{it} = \Delta T_{it}^{I} + \Delta T_{it}^{M}$$

这个国家间创新传播的公式概括了过去的实证文献中广泛使用的

一些流行设定。例如，之前的文献经常假设存在一个技术领导者，一般是美国，它的创新活动决定了技术前沿，而所有其他国家的追赶能力各不相同。在当前框架的背景下，这一设定就可以归结为对系数 ψ_{ijk} 的一个限制条件。具体来说，如果美国为 $j=1$，那么

$$\psi_{ijk}=0，\quad \forall i, j>1$$
$$\psi_{ijk}>0，\quad \forall i, j=1$$

相反，在一个自给自足的世界，各国也在创新，但不会发生跨越国界的技术外溢，这意味着对所有 $i \neq j$，$\psi_{ijk}=0$。

对这一模型做出估计具有一定挑战性，因为我们既需要将 TFP 分解为所有国家最佳实践冲击 η_{jk} 的序列，同时还要还原一个国家最佳实践冲击影响其他国家最佳实践冲击（即系数 ψ_{jk}）的网络渠道。在实践中，我们猜测只有几个国家能产生可传播创新。如果我们的假设正确，大部分系数就会为零，$\psi_{ijk}=0$，只有少数例外。

为了便于估计，我们将每次创新冲击分解为两个独立项的和。第一项被称为可传播创新，可以影响创新来源国之外的其他国家的 TFP 增长。能在世界范围内使用的新产品发明，比如手机、智能手机或电脑，可以归为这类冲击。另一项被称为非可传播创新冲击，只能影响创新来源国当前和未来的 TFP 增长。这类冲击的例子包括由某个给定国家特有、不存在于其他任何地方的机会或喜好驱动的创新。现实中我们很难找到完全属于其中一种或另一种的创新：创新的经济影响

取决于创新采用国的消费者偏好和经济结构。也就是说，每一项创新在某种程度上都是可传播的，在某种程度上又是非可传播的。在下文中，我们会采取相对保守的计量经济学观点，认为非可传播创新是完全独立于其他国家创新和生产率增长的一种创新。

以公式来表述：

$$\eta_{it} = \eta_{it}^T + \eta_{it}^{NT}$$

其中，η_{it}^T 代表可传播创新，η_{it}^{NT} 代表非可传播创新。

可传播创新和非可传播创新都是往期创新冲击和各个时期发生的创新冲击的加权平均和。以公式来表述：

$$\eta_{it}^T = \sum_{k=1}^{t-1} \rho_{i,t-1-k}^T \eta_{ik}^T + \varepsilon_{it}^T$$
$$\eta_{it}^{NT} = \sum_{k=1}^{t-1} \rho_{i,t-1-k}^{NT} \eta_{ik}^{NT} + \varepsilon_{it}^{NT}$$

在我们的计量工作中，我们对特定的随机变量施加了几个假设。特别地，我们假设误差项 ε_{it}^{NT} 和 ε_{it}^T 在不同国家和不同时期是相互独立的。我们还假设可传播和非可传播冲击是平稳随机过程：对所有 t 和 k，$\rho_{i,t-1-k}^{NT} \in (-1,1)$，$\rho_{i,t-1-k}^T \in (-1,1)$。因此，我们对数据应用的设定为：

$$\Delta T_{it} = \sum_j \sum_{k=1}^t \psi_{ijk} \eta_{jk}^T + \sum_{k=1}^{t-1} \rho_{i,t-1-k}^{NT} \eta_{ik}^{NT} + \varepsilon_{it}^{NT}$$

其中，第一个求和项表示过去和现在发生在所有 i 国以外国家的可传播冲击在 t 期对 i 国 TFP 增长的影响，第二项表示过去和现在发生在 i 国的非可传播冲击在 t 期对其本国 TFP 增长的影响。

我们分两个步骤来对模型做出估计。第一步，我们将 TFP 增长对可观测的回归因子 X_{it} 做回归，比如就业参与率和可能影响所有国家的年度趋势。接着我们对其残差进行因子分析，从国家 $j = 1, \ldots, J$ 的滞后和当前 TFP 增长序列中提取出可传播冲击 η_{jk}^{T}。在 TFP 相对较少依赖于滞后最佳实践冲击以及存在相对较少的国家产生可传播最佳实践冲击时，这一过程估计效果较好。其中后一个条件不是特别强，因为历史上只有少数几个国家可能处于创新前沿的位置，比如美国、英国、法国、德国、日本等。我们尝试使用从 5 到 1 的各种滞后阶数，发现在可传播冲击的情形下设为 2 阶滞后对数据拟合效果最好。我们还对非可传播冲击尝试使用了不同的自回归结构设定，发现 AR(1) 过程在描述所观测到的动态中有相当好的表现。

传播机制

本章附录中的表 2.5 列出了我们在 TFP 分解模型中估计的因子载荷。具体包括非可传播的国别误差过程、可传播误差过程、年度虚拟变量以及 1914 年、1939 年和 1972 年的结构变动。在每次结构变动之后，我们允许产生跨国自主创新冲击的随机过程发生变化。估计结果表明，有两次在统计上显著的结构变动：一次是在 1946 年，另一次是在 1972 年。在下文中，我们将主要讨论二战后的实证结果。

在 1939 年之前，我们发现有两个主因子可以解释 TFP 序列约 31% 的变异。与这两个因子相关的特征值在 10 左右。第一个因子在美国具有较高的重要性，第二个因子在法国和英国具有较高的重要性。在 1945 年之后，我们发现有三个可传播因子可以解释 TFP 序列约 42% 的变异，且可以解释每个变量 35%~85% 的方差。前三个因子的特征值分别是 11.52、11.09 和 10.36，第四个因子的特征值在 4.00 左右，其余因子的特征值则急剧下降。

对 TFP 增长的可传播部分的因子分析有助于我们直观地解释创新是如何在世界各国传播的。第一个因子描述了产生于美国、英国、日本、比利时、丹麦、挪威、瑞典、芬兰、加拿大和爱尔兰的冲击，第二个因子对产生于美国、英国、日本、瑞典、丹麦和加拿大的冲击具有较高的解释力，而第三个因子则包含了产生于美国、英国、加拿大和挪威的冲击。从将以上讨论的因子和观测序列联系起来的公式中，我们可以得到由各国产生的可传播冲击。

结果表明，被纳入第三个因子的可传播冲击在 5% 的水平上对世界各国的 TFP 增长具有正的显著影响。换句话说，美国、英国以及略逊于它们的加拿大和挪威是产生自主创新冲击并传播到世界各地的国家。结果还显示了 TFP 增长的持续性可以由 AR(1) 过程很好地近似，持续性的平均系数在 1950—1972 年为 0.12，在 1972—2012 年为 0.23。有趣的是，我们发现在 1945 年之前产生自主创新冲击的过程中有一个较小的、统计上不显著的持续性。

创新：趋势与全球传播

在讨论实质性研究结果之前，我们先回顾二战后产生了最多自主创新的国家，然后对每个具体国家自主创新的演变历史进行追溯。接下来，我们详细说明了自主创新冲击是如何在整个世界传播的。本节最后比较了二战前后自主创新的发展趋势。

▌战后的创新趋势

表 2.1 前两列报告了各国的平均自主创新，以及可归为来自国外的可传播冲击的那部分 TFP 增长，后者被称为引进创新，结果覆盖了1950—1972 年；第三列是前两列之和；最后一列报告了实际的 TFP 增长。该表主要的结果是美国、英国和斯堪的纳维亚国家比欧洲大陆国家和日本拥有更高水平的自主创新。然而，这种差异并不等同于显著较高的 TFP 增长，因为欧洲大陆的一些国家其实非常善于采用来自国外的自主创新。实际上，在二战结束后的 30 年时间里，曾经饱受战争摧残的欧洲成功且快速地追赶上了当时的科技领导者美国，这一假设得到了来自欧洲大陆的实证结果支持。我们在这一方面的主要贡献是限定了 1945—1972 年在欧洲大陆观察到的 TFP 高速增长主要是来自对世界科技前沿的追赶而非自主创新。

表 2.1　1950—1972 年自主创新及引进创新的年度估计值

国家	自主创新	引进创新	$\Delta \overline{TFP}$	ΔTFP
澳大利亚	0.42	1.42	1.84	1.30

国家	自主创新	引进创新	$\widehat{TFP}$	ΔTFP
加拿大	0.49	1.45	1.94	1.04
芬兰	0.55	1.56	2.11	2.08
法国	0.32	2.01	2.33	2.86
德国	0.42	1.39	1.81	−0.66
意大利	0.40	1.85	2.25	2.47
日本	0.34	2.47	2.81	4.58
荷兰	0.34	1.65	1.99	1.73
挪威	0.29	1.71	2.00	1.56
西班牙	0.44	2.03	2.47	3.55
瑞典	0.42	1.43	1.85	1.50
英国	0.76	0.66	1.32	0.86
美国	1.02	0.51	1.53	0.99
平均	0.42	1.66	2.19	2.19

注：第一列、第二列分别报告了自主创新和引进创新对 TFP 增长的贡献，第三列展示了前两列之和，最后一列展示了实际的 TFP 序列。

表 2.2 与表 2.1 结构相同，只是覆盖了 1972—2012 年。相关的估计结果证明了这一时期 TFP 增长在全球范围内相对前一时期下降了近 2%。此外，自主创新冲击的传播也相对前一时期更为持久。尽管美国作为自主创新领导者的相对地位仍未受到挑战，但相关的自主创

新冲击的绝对量有了大幅下降。各国在利用世界最佳实践的能力上有所区别：这一差异在统计上显著，且与自主创新残差的差异大小基本相同。

表 2.2　1972—2012 年自主创新及引进创新的年度估计值

国家	自主创新	引进创新	$\widehat{\Delta TFP}$	ΔTFP
澳大利亚	0.13	0.17	0.30	0.46
加拿大	0.09	0.18	0.27	0.35
芬兰	0.22	0.76	0.98	1.02
法国	0.05	0.06	0.11	0.04
德国	0.08	0.09	0.17	0.07
意大利	0.09	0.10	0.19	0.12
日本	0.04	0.11	0.14	0.10
荷兰	0.05	0.24	0.29	0.36
挪威	0.02	0.32	0.34	0.34
西班牙	0.07	0.13	0.20	0.29
瑞典	0.16	0.26	0.42	0.62
英国	0.18	0.33	0.51	0.67
美国	0.22	0.37	0.59	0.73
平均	0.11	0.14	0.22	0.25

　　注：第一列、第二列分别报告了自主创新和引进创新对 TFP 增长的贡献，第三列展示了前两列之和，最后一列展示了实际的 TFP 序列。

▌美国自主创新的传播

下面我们详细考察美国的可传播自主创新是如何在世界各国传播并转化为引进创新的。表 2.3 报告了一个标准差的可传播美国自主创新冲击对其他国家 TFP 增长的累积影响，并对 1950—1972 年和1972—2012 年的结果进行对比。这两个时期之间最重要的差别是可传播冲击规模的下降。在大多数情况下，其降幅超过了美国自身自主创新的下降。因此，估计结果表明，自 20 世纪 70 年代初以来，很多国家采用国外创新的能力下降了。

表 2.3　美国可传播自主创新冲击对各国 TFP 增长的累积影响

国家	1950—1972 年	1972—2012 年
澳大利亚	1.55	0.20
加拿大	1.95	0.26
芬兰	2.87	0.38
法国	2.02	0.27
德国	1.58	0.21
意大利	2.99	0.40
日本	1.39	0.18
荷兰	2.09	0.28
挪威	1.25	0.16
西班牙	0.57	0.08
瑞典	2.29	0.30

国家	1950—1972 年	1972—2012 年
英国	2.04	0.27
美国	2.55	0.34

注：一次美国可传播自主创新冲击等于一个标准差的美国自主创新。

　　图 2.1 和图 2.2 描述了美国自主创新冲击对 G7 国家 TFP 增长的影响差异，表 2.3 则总结了美国自主创新冲击对其他 G7 国家的累积影响，这些图表说明了美国自主创新冲击在各国的传播动态具有显著差异。结果显示美国创新冲击在两年内开始对其他 G7 国家的 TFP 增长产生影响，而且大部分创新传播在五六年之内就会完成。此外，各

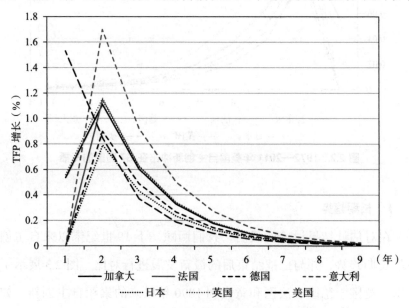

图 2.1　1950—1972 年美国自主创新冲击在 G7 国家的传播

国在采用美国自主创新的速度和程度上有所差别。例如，虽然意大利不是世界可传播自主创新的主要中心，但它相比其他 G7 国家在更大程度上快速采用了美国的创新。在利用美国创新方面能力突出的其他国家还有加拿大、英国和法国。1972 年前后一直持续着这样的发展模式。

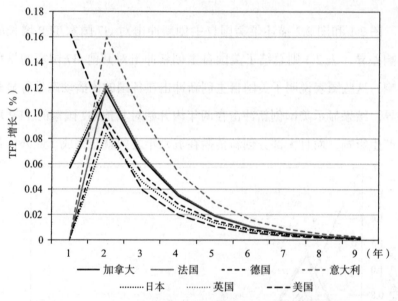

图 2.2　1972—2011 年美国自主创新冲击在 G7 国家的传播

长期趋势

在对估计结果讨论的最后，我们回顾一下 19 世纪末以来自主创新的长期趋势，并与二战结束后的最新发展进行对比。图 2.3 展示了美国、英国、德国、法国和意大利 1890 年以来的累积自主创新。如图所示，在这一时期，特别是二战后，美国的累积自主创新持续高于其他国家。事实上，估计结果显示，近几十年来美国与累积自主创新第二高的国家之间的差距似乎在不断拉大。图中还显示了法国和英国在二战前后自主创新趋势的一些有趣差异。法国在二战前是仅次于美国的自主创新主要强国。然而，两次世界大战极大地破坏和延缓了法国的创新，其在二战后的几十年里虽然逐渐得到恢复，但到了20世纪八九十年代又陷入停滞。与之相对，尽管在二战中并没有经历欧洲大陆国家那种程度的灾难性破坏，英国的累积自主创新却在20世纪50年代以前一直落后于法国、德国和意大利。但在70年代初之后，由于成功保持住了自主创新增长速度，英国的累积自主创新实际上已经超过了德国和意大利的相应水平，近些年几乎与法国追平。通过将1890—1914年、1919—1939年、1950—1970年、1970—1985年和1985—2010年的美国序列纳入线性预测，我们可以很快地从趋势线的

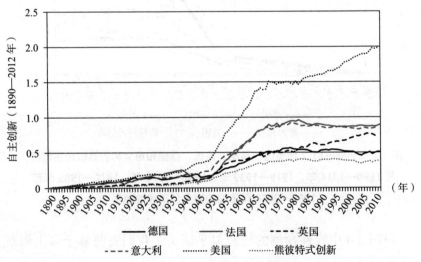

图2.3　1890—2012年美国、英国、法国、德国和意大利的累积自主创新

斜率中看出自主创新速度的重要变化。

图 2.3 的一个局限是它是在相当长的一个时期对自主创新进行比较，而这段时间发生了严重的政治事件和重大的经济及技术变迁。特别是如何处理欧洲大陆国家在两次世界大战时期的数据构成了一个巨大挑战。我们在分析工作中尝试通过使用结构变动和战争年份虚拟变量来处理这些问题。尽管如此，战争年间的模型拟合质量依然较差。因此，我们相信在不受全球政治冲击的较短时期比较经济绩效，特别是创新，具有一定的优势。

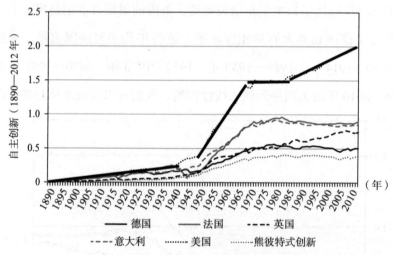

**图 2.4 1890—2012 年美国、英国、法国、德国和意大利的累积自主创新，
与 1890—1914 年、1919—1939 年、1950—1970 年、1970—1985 年和
1985—2010 年美国的自主创新线性预测**

对图 2.4 中线性预测的检验似乎证实了我们先前基于自主创新水平的结论。通过图中展示的结果，我们检验了某些国家在某些时

期自主创新率不变的假设。如果某个国家在某个给定时期出现这种情况，其累积自主创新将近似于一条指数型增长曲线。反之，我们将看到线性近似的拟合度更好。大体来说，我们考察了三个不同时期：二战前、战后到20世纪70年代初，以及此后的几十年。在每一时期，自主创新率在不同国家之间都有所差别，但在不同年份之间似乎基本没有变化。在第一个时期，美国和欧洲国家，特别是法国，产生了自主创新。在第二个时期，自主创新率在所有发达国家大幅上升，美国成为创新领域无可争议的领导者。结果显示，到了70年代，这一创新革命在全球范围内陷入停滞。直到1990年之后，美国才在某种程度上出现了复苏迹象：它的自主创新步伐再次加快，但是速度显然远低于五六十年代。我们在第三个时期发现的另一个显著特征是，自主创新在欧洲彻底枯竭了。唯一的例外是英国，我们注意到，相比二战之前，英国的自主创新在战后取得了相当大的增长。

表2.4总结了美国、英国、法国、意大利和德国在现代经济史的各个标志性时期的累积自主创新，这些时期分别是一战前20年、两次世界大战之间、战后恢复时期、七八十年代的转型及经济动荡时期，以及IT革命时期。通过在各个时期内对各国的自主创新进行比较，我们可以确认出各国作为创新中心的相对重要性。如该表所示，除了在两次世界大战之间，美国一直是全球创新的引擎。

表 2.4　美国、英国、法国、意大利和德国在一战前 20 年、两次世界大战之间、1950—1970 年、1970—1990 年和 1990—2010 年的累积自主创新估计值

	美国	英国	法国	意大利	德国
1890—1910 年	0.09	0.02	0.05	0.07	0.07
1919—1939 年	0.08	0.03	0.16	0.06	0.06
1950—1970 年	0.65	0.26	0.58	0.47	0.28
1970—1990 年	0.09	0.10	0.02	0.00	0.01
1990—2010 年	0.14	0.08	−0.02	−0.01	−0.02

图 2.5 证实了在 1890—1910 年，美国一直都是累积自主创新水平最高的国家。因此，我们的结果支持了以下假设，即创新能力是美国转变成为世界主要经济体的原因之一。有趣的是，这一结果还证明了法国在 20 世纪 70 年代之前曾是历史上非常重要的创新中心，特别是在两次世界大战之间。实际上，图 2.6 显示了法国在两次世界大战之间经历了最高水平的累积自主创新。意大利的创新规模一直低于法国，但两国发展动态非常相似。有趣的是，在所考察的每个历史时期，我们的估计值所表现出的德国都不是一个创新型的国家。这一观察结果在一战前后都是成立的。英国的自主创新与德国具有相似的发展模式，但在后 40 年出现了重要差别。与德国不同，英国在 20 世纪 70 年代末之后经历了自主创新率的复苏。结果使英国成为唯一一个仍在产生自主创新的欧洲大国。与之相对，表 2.4 表明自主创新在其他欧洲重要经济体似乎都已销声匿迹了。

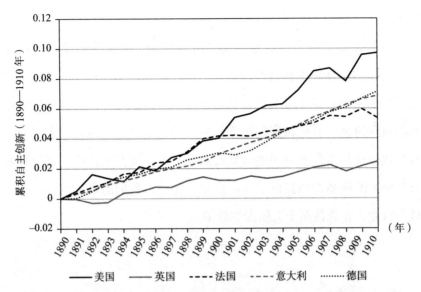

图 2.5　1890—1910 年美国、英国、法国、德国和意大利的累积自主创新

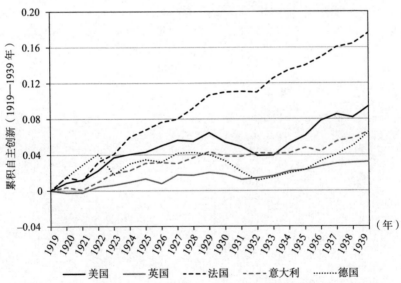

图 2.6　1919—1939 年美国、英国、法国、德国和意大利的累积自主创新

结论

我们提出了一个一般性的 TFP 分解框架，在这个框架中考虑了长期持续的创新冲击和这种冲击在国家之间的传播。在二战之前，自主创新的主要产生者是美国、英国和法国。二战之后，美国及比之略逊的英国扮演向其他国家传播创新冲击的主要角色。尽管国家层面的 TFP 数据所附的免责声明通常是有效的，但是我们相信这一框架仍对 TFP 冲击的传播途径提供了一些启示。此外，我们的方法也适用于区域、行业、企业甚至个人层面的数据。

附 录

表 2.5　最佳实践因子的估计值

变量	因子 1	因子 2	因子 3*
澳大利亚			0.6296
澳大利亚（t-1）		0.6483	
澳大利亚（t-2）	0.6485		
澳大利亚（t-3）			
加拿大			0.6890
加拿大（t-1）		0.6644	0.3324
加拿大（t-2）	0.6802	0.3475	
加拿大（t-3）	0.6318		
芬兰			0.7623
芬兰（t-1）		0.7343	
芬兰（t-2）	0.7726		
芬兰（t-3）	0.4939	−0.4069	
法国			0.7085
法国（t-1）		0.7803	

变量	因子 1	因子 2	因子 3*
法国（t-2）	0.7130		
法国（t-3）		-0.3568	
德国			0.5285
德国（t-1）		0.5453	
德国（t-2）	0.4436		
德国（t-3）		-0.4144	
意大利			0.8288
意大利（t-1）		0.8553	
意大利（t-2）	0.8219		
意大利（t-3）		-0.4071	
日本			0.4894
日本（t-1）		0.4960	
日本（t-2）	0.4295		-0.4538
日本（t-3）	0.3140	-0.4915	
荷兰			0.7337
荷兰（t-1）		0.7793	
荷兰（t-2）	0.7403		
荷兰（t-3）		-0.4096	
挪威			0.4987
挪威（t-1）		0.4241	0.3349

变量	因子1	因子2	因子3*
挪威（t-2）	0.5632	0.3070	
挪威（t-3）	0.5857		
西班牙			
西班牙（t-1）		0.3066	
西班牙（t-2）	0.3114		
西班牙（t-3）			
瑞典			0.7069
瑞典（t-1）		0.6031	
瑞典（t-2）	0.6094	0.4275	
瑞典（t-3）	0.4751		
英国			0.6730
英国（t-1）		0.6625	0.3250
英国（t-2）	0.5476	0.4402	
英国（t-3）	0.6247		
美国			0.6575
美国（t-1）		0.6047	0.3933
美国（t-2）	0.4978	0.4830	
美国（t-3）	0.6509		

注：前三个因子的特征值分别是11.52、11.09和10.36。这些因子解释了42%的方差，而三个因子的公共方差解释了每个变量方差的45%~85%。星号表示在5%的水平上统计显著。

第三章
IT 革命时期的自主创新——
我们从未有过这么好的时代？

　　基于前文提出的数据和方法，我们讨论了自主创新和引进创新的最新趋势。结果显示，自 1990 年以来，美国的自主创新及其带来的 TFP 增长高于 20 世纪七八十年代，但低于五六十年代。英国在近代以来遵循了类似的发展路径。与之相对，欧洲大陆和日本的自主创新在 1990 年后进一步放慢。更糟糕的是，它们在采用来自国外的创新上也反应迟缓。在本章结尾，我们讨论了可能的替代性解释，并总结了由该结果引申出的一些问题，留待未来进一步研究。

引言

　　数据时间范围的拉长使我们不但可以比较不同国家之间的生产率发展趋势，更重要的是可以在不同时期之间进行对比，从一战前、两次世界大战之间、二战后，直到 IT 革命时期。通过这一方法，我们还原了自主创新冲击在世界各国传播的网络，以及相应的网络结构随时代变迁的演变过程。在本章中，我们主要关注 IT 革命时期的自主创新和生产率增长。首先，我们比较了这一时期各国自主创新的年均增长率，接着分国别考察了美国、英国、法国、德国和日本的发展动态。

结果显示，相比二战后的前一时期，创新传播网络在 1990 年之后并没有发生结构变化。而且，我们看到美国和英国的年自主创新率在 IT 革命时期只取得了部分恢复：尽管相对于 1970—1990 年有所提高，但仍低于战后直至 20 世纪 60 年代末的水平。我们的估计结果还表明，欧洲大陆和日本甚至连这样温和的复苏都没有出现。有趣的是，我们发现不同于二战后辉煌的 30 年，这些经济体在采用来自美国和英国的（IT）创新方面也反应相当迟缓。在本章最后，我们讨论了观察到的这一数据模式的可能原因。我们特别考虑了观察到的美国总的自主创新率背后的行业层面动态。

二战后的累积自主创新

我们先对二战后美国和欧洲主要经济体的累积自主创新做一概览。图 3.1 展示了美国、英国、德国、法国和意大利在 1946—2012 年的累积自主创新。从图中可以看出几个明显的事实。首先，美国在该时期的累积自主创新超过了世界任何其他主要经济体。

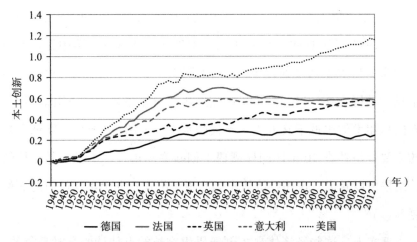

图 3.1　1946—2012 年美国、英国、法国、德国和意大利的累积自主创新

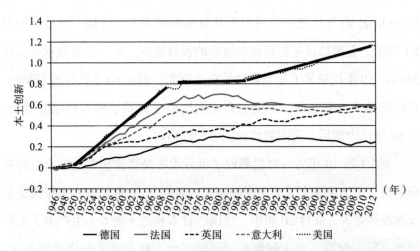

图 3.2　1946—2012 年美国、英国、法国、德国和意大利的累积自主创新，
与 1950—1970 年、1970—1985 年和 1985—2010 年美国的自主创新线性预测

其次，图 3.2 在同一幅图中加上了美国在 1950—1970 年、1970—1985 年和 1985—2010 年的自主创新线性预测，图中显示，所有国家的自主创新序列在 1970 年前后都出现了结构变动。再次，结果显示美国在 20 世纪 80 年代中期经历了自主创新率的回升。然而，新的积累率似乎低于其五六十年代的水平。如图 3.2 所示，欧洲大陆的主要经济体在 70 年代同样遭遇了创新率的重挫。不幸的是，从估计结果可以看出，这些经济体没能实现美国在八九十年代经历的那种复苏。

事实上，这些经济体自主创新累积增长的点估计值有时是负的，但这些令人有些疑惑的负增长率在统计上并不显著异于零。由于德国在 20 世纪 90 年代统一，我们对其数据的解读尤为谨慎。最后，如图 3.1 所示，英国的自主创新在二战后的发展独树一帜。数据显示英国在 20 世纪 50 年代积累了相当数量的自主创新，但在 60 年代放慢了脚步。有趣的是，自此之后，英国的自主创新似乎保持了较为稳定的增长，在 80 年代中期后与美国的增长速度大致相同。

表 3.1 以 10 年为一时段截取了世界主要经济体在二战结束后的累积创新。该结果证实了前文中的观察。美国在 20 世纪五六十年代是全球创新领导者。在这 20 年中，法国、日本和意大利本土也产生了大量创新。同一时期，自主创新率最低的三个主要经济体分别是加拿大、德国和英国。累积自主创新在 60 年代的增长要略慢于上个 10 年。但是美国仍然保持了领先地位。

表 3.1　1950—2010 年 G7 国家和瑞典每 10 年的累积自主创新估计值（%）

	加拿大	法国	德国	意大利	日本	英国	美国	瑞典
1950—1960 年	16.09	32.84	13.88	23.49	29.50	19.96	37.14	20.28
1960—1970 年	5.00	21.64	12.54	17.60	16.51	7.25	25.93	11.04
1970—1980 年	−0.69	4.94	2.69	2.64	−0.25	2.97	2.80	9.58
1980—1990 年	0.72	−2.42	−1.30	−2.80	8.49	6.84	5.58	14.22
1990—2000 年	−1.11	−1.92	−0.92	−0.82	−0.39	4.60	6.76	19.72
2000—2010 年	0.36	0.27	−1.00	0.11	7.58	3.29	6.43	20.44

　　图 3.3 展示了 1950—1970 年历年美国、英国、法国、德国和意大利的累积自主创新。表 3.1 也显示了自主创新率在 20 世纪 70 年代大幅下降。事实上，在这一动荡时期，法国、意大利、德国和英国积累了略多于美国的自主创新。

　　尽管美国与这些国家创新率的差异在统计上并不显著，但这一发现凸显了美国的自主创新在 20 世纪 70 年代的急剧衰落。如图 3.4 所示，1990—2012 年美国在创新领域重回全球领导地位。然而，美国相对较为突出的表现既来自其本身的复苏，又与其他主要发达国家在这

20 年间的糟糕表现有关。我们的结果中最引人注目的地方是北欧经济体自 20 世纪 70 年代以来的出色表现,瑞典是其中的一个典范。和所有其他经济体一样,瑞典的自主创新在 70 年代也有所放缓,但在此之后就稳步回升。事实上,瑞典的累积自主创新在 90 年代增长了 20%,相比之下美国只增长了 7% 左右;2000—2012 年瑞典又增长了 20%,美国却只有 6.4%。瑞典绝不是特例,我们在荷兰、丹麦和冰岛也看到了相似的增长模式。

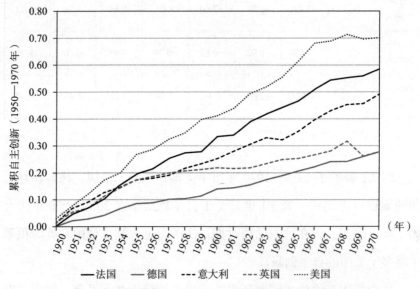

图 3.3　1950—1970 年美国、英国、法国、德国和意大利的累积自主创新

IT 革命时期的年自主创新率对比

我们继续对 1990—2012 年各发达国家的自主创新和引进创新最

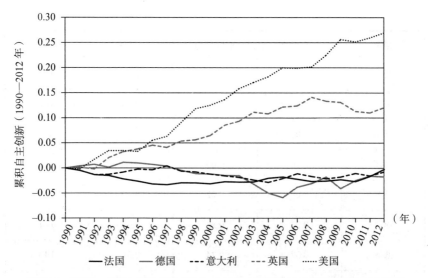

图 3.4　1990—2012 年美国、英国、法国、德国和意大利的累积自主创新

新趋势进行对比。表 3.2 展示了我们的样本中发达经济体组别的年均自主创新和引进创新。如表 3.2 所示，该样本中的年均自主创新率在 1990—2012 年高于前一时期——1970—1990 年。与此同时，我们还发现该时期的样本经济体的年均引进创新率实际上低于前 20 年。此外，我们拒绝了创新的全球传播网络出现结构变化的假设。接下来，我们讨论对几个最大的发达经济体的估计结果。

表 3.2　1990—2012 年累积自主创新与引进创新估计值（%）

国家	自主创新	引进创新	$\widehat{TFP}$	ΔTFP
澳大利亚	0.42	0.16	0.58	0.57
加拿大	0.11	0.12	0.23	0.34

国家	自主创新	引进创新	$\widehat{\Delta TFP}$	ΔTFP
荷兰	0.32	0.39	0.71	0.87
法国	0.03	0.03	0.06	0.02
德国	0.08	0.03	0.11	0.03
意大利	0.00	0.00	0.00	0.05
日本	0.08	0.02	0.10	0.03
荷兰	0.23	0.24	0.47	0.41
挪威	0.07	0.24	0.31	0.16
西班牙	0.09	0.11	0.20	0.09
瑞典	0.67	0.34	1.01	1.04
英国	0.35	0.26	0.62	0.66
美国	0.58	0.29	0.87	0.98
平均	0.26	0.17	0.43	0.37
熊彼特式创新		0.02		

注：第一列报告了自主创新，第二列报告了引进创新对 TFP 增长的贡献，第三列是前两列之和，最后一列是实际的 TFP 序列。

我们比较原始数据发现，1990—2012 年的 TFP 年增长率与前两个战后时期相比非常接近而不是更高。此外，考虑短期波动等因素，我们实际上可以推断出前一时期的 TFP 增长率要高于 IT 革命时期。比较 IT 革命时期与之前的自主创新和引进创新后，我们进一步研究这一问题发现，1990—2012 年美国的年均自主创新约为 1970—1990 年的 3 倍，同时仅为 1950—1970 年水平的 60%。我们还发现，美国在 1990—2012 年的年均引进创新与其在 1970—1990 年的水平非常相似。因此，在 IT 革命时期，引进创新对 TFP 年均增长只贡献了 1/3，而在前两个时期这一贡献占到大约一半。

英国的结果非常类似。通过比较 TFP 的年均增长率，我们发现英国在战后两个时期的 TFP 增长仍略高于 IT 革命时期。具体来看，我们发现 1990 年之后英国的年均自主创新相比 70 年代甚至 80 年代要高出一倍多，然而这一时期 0.36% 的创新率还不到战后第一个 20 年的一半。与美国类似，我们发现英国自 1990 年以来的年均引进创新也低于 1970—1990 年的水平。因此，英国目前的自主创新约贡献了 TFP 增长的一半。唯一令英国感到安慰的是，它在 20 世纪 70 年代后的创新减速幅度比其他欧洲国家要小。事实上，英国和法国之间的对比相当具有启发性。

在战后的 30 年，法国的 TFP 实现了 2.5% 以上的惊人增长。然而，这在很大程度上似乎与其对世界最佳实践的快速追赶有关，这一点可以由它的高引进创新率得到证实。事实上，法国在 1950—1970 年的年均自主创新率低于美国和英国。我们的估计结果表明，法国在 1990 年后的自主创新和引进创新都没能从 20 世纪 70 年代的减速中恢复过来。事实上，所有类型的创新都停滞在零增长附近。意大利和日本也经历了非常类似的情况，它们在战后的前几十年也都出现过生产率的快速扩张。德国的情况也十分相似，但因为其边界的变动和相应的增长核算调整需要控制民主德国的影响，我们对该国的解读将较为谨慎。

除上述国家之外，自主创新相对 20 世纪七八十年代有所复苏的就只有斯堪的纳维亚国家了。特别是瑞典和芬兰的 TFP 自 1990 年以来取得了年均 1% 的高速增长，这一表现要优于七八十年代的增速。以瑞典为例，数据显示，该国的年自主创新率从 1950—1970 年的 0.46% 增长到 IT 革命时期的 0.69%，并且二者均远高于 1970—1990 年的水平。有趣的是，瑞典采用引进创新的能力也相对 1970—1990 年有所提升。芬兰的创新和生产率遵循了相似的发展路径。基于这些发现，我们得出了以下结论。

根据现有的 TFP 估计方法，IT 革命时期的生产率并未取得明显提升，尽管行业和微观层面的研究给出了一些轶事证据。如果说有所改变，那就是在 1990 年后的大部分时间里，年均自主创新率比战后前几十年还要低，即使美国也不例外。尽管过去 20 年美国的自主创新率要高于 20 世纪七八十年代，却仍低于 70 年代之前。类似地，英国和斯堪的纳维亚国家的自主创新也只取得了部分恢复。我们的估计结果还表明，相对而言，美国仍然是自主创新率最高的国家，斯堪的纳维亚国家和英国紧随其后。与此同时，欧洲大陆的自主创新率和引进创新率在 1990 年后则彻底止步不前。相对而言，斯堪的纳维亚国家继续保持了远高于其他欧洲国家的自主创新和引进创新速度，这为它们的生产率增长做出了相当大的贡献。

主要经济体的自主创新动态

我们的实证方法有一大优势，那就是允许每个国家产生自主创新，而这些创新至少从理论上说可以传播到所有其他国家。接下来我们将回顾几个主要发达经济体在二战后的自主创新率变化，重点关注最近 30 年的发展动态。我们将美国作为基准国家，以评估其他国家的自主创新演变趋势。

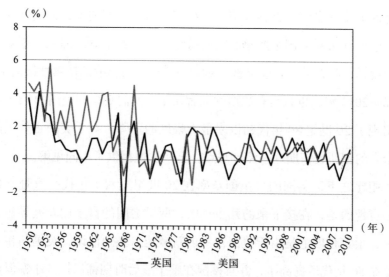

图 3.5 二战后美国与英国的自主创新对比

图 3.5 描述了美国和英国在 1950—2012 年的自主创新。图中显示了 20 世纪 50 年代是美国自主创新的高峰，随后是 60 年代，基本在 2%~4% 波动。70 年代初，美国的自主创新动态发生了变化：冲击的幅度急剧下降，然而冲击影响的持续性显著上升。特别是，美国的自主创新在 70 年代曾经有过年增长 0~0.5% 的糟糕表现，而在 80 年代只取得了部分恢复，小幅上升到 0~1% 的区间。

我们的结果有一个非常令人惊讶的地方，即在所谓的 IT 革命时期，无论是在原始的生产率数据还是在分解的自主创新序列，我们都没有探测到任何峰值。事实上，这一时期美国较高的年自主创新率似乎更多地来自底部抬升，而不是前所未有的正向创新冲击的驱动。此外，原始序列数据本身和我们的估计结果都证明了创新和生产率的波动随时间变得平缓，直到经济危机出现。值得注意的是，伴随这些变化，创新冲击对美国生产率影响的持续性在不断上升。因此，创新冲击幅度的下降在某种程度上被其对 TFP 增长正向影响的持续性抵消了。2005—2013 年，也就是有数据的最后几年，我们观察到美国的 TFP 增长出现了 20 世纪 80 年代初以来最大幅度的下降。对于美国正处于前所未有的创新繁荣期这一流行观点，这些发现提供了不同见解。

相比之下，英国的自主创新率在 20 世纪五六十年代一直处于低位。有趣的是，在接下来的几十年中，两国之间的自主创新差异显著缩小，很大程度上是由于美国自主创新减速。换句话说，英国的相对地位在 80 年代后提高了，并且该国在整个战后时期都保持了小幅但正向的自主创新率。然而，英国也同样在经济危机开始之前经历了生产率的大幅下滑，且下降幅度较之美国更大。

法国的自主创新发展动态较为不同，如图 3.6 所示。法国在 20 世纪五六十年代的自主创新率较高但趋于下降，只略低于美国。70 年代，两国实际上有着非常相似的自主创新率。然而，美国在八九十年代实现了部分复苏，法国的自主创新却继续下降，直到 90 年代和 21 世纪初几乎为零。图 3.7 显示，德国的自主创新动态与法国非常相似。两国的最大区别是法国的自主创新率似乎一直高于德国。最后，图 3.8

显示了日本的自主创新又与德国有着非常相似的发展路径，唯一的区别是日本的自主创新率在 80 年代曾经短暂地一度超越了美国。

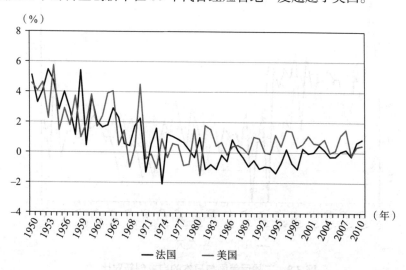

图 3.6　二战后美国与法国的自主创新对比

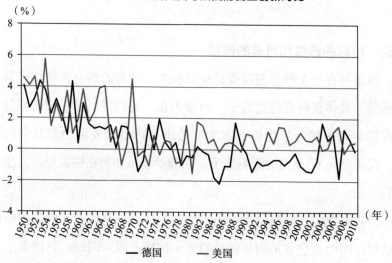

图 3.7　二战后美国与德国的自主创新对比

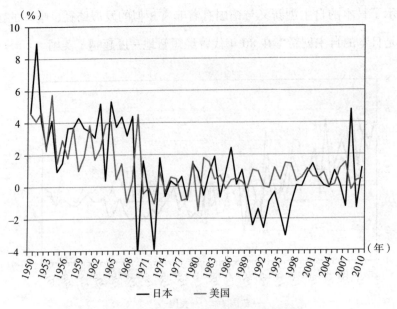

图 3.8 二战后美国与日本的自主创新对比

讨论：指标的选择和可能的偏误

创新没有一个被普遍接受的衡量标准，现有的所有备选指标都有其利弊，具体视研究背景而定。目前为止，我们提出的一项研究议程旨在探索其中的一个指标，即 TFP 跨国和跨时的发展动态及空间依赖，以研究在 IT 革命的影响之下，创新动态是如何在国家层面发生变化的。

TFP 作为生产率测量指标的一个主要缺点是它代表了增长回归的扰动项，因此，它只是创新估计的一个模糊上限。同时，它涵盖了各种形式的创新。我们的数据还覆盖了较长时间范围内的多个国家。然而目前其他的任何创新指标都无法做到这一点。具体创新指标方面的数据也有很多优点。其一是这类指标描述了具体的经济现象，而后者有十分明确的定义。相反，TFP 指标最多只提供了一个阴影的集合场。

另一个需要解决的重要疑虑是由于 IT 创新的特殊属性，TFP 增长可能并不能完全解释生产率增长。现有的经济活动指标和相应的增长核算方法产生于一个生产和消费在时间和空间上都不像今天这样分散的时代。因此，有争论表明，现有的指标可能低估了效率和个人效用的增长。

我们对这种关于增长核算的现有方法与实践相关性的担忧表示赞同。由于目前尚无定论，我们将我们的上述发现视为另一条证据线索，希望能够增进对 IT 革命时期创新的理解。我们认为，针对 IT 革命时期生产率取得了巨大进步这一普遍乐观情绪，我们的发现至少提供了一种警示的声音。

此外，一些观察使我们忽视了结果可能存在向下偏误的情况。之前基于微观层面数据的研究曾明确指出，美国是 IT 革命的全球领导者。因此，如果现有的增长核算方法可能低报了生产率和福利增长，那么我们就可以预期美国的原始 TFP 序列会比其他发达经济体的 TFP 序列受到更大的影响。换句话说，这种偏误的出现可能会造成对美国和欧洲大陆等国家之间差异的低估。沿着这一思路，按照过去 30 年美国效率和福利增长受到 IT 部门创新影响的程度，我们可能会得出美国和较少受 IT 创新影响的经济体之间差距应该在缩小的推论。然而数据似乎未能支持这一观点。

一个可能的解释

要理解我们这里讨论的自主创新发展趋势是由哪些经济力量推动的，最重要的是了解创新的来源及其在不同经济体之间的传播方式。我们所发现的模式可能乍看起来有些令人费解，并与大量微观层面和轶事证据相矛盾，但是我们相信，这一模式对 IT 行业自主创新及其与其他行业创新和生产率关系的理解是至关重要的。在下文中，我们将通过一些证据来支持这一观点，这些证据也成为后面章节中很多研究的出发点。

在二战结束后的前几年，美国经济无可争议地定义了技术前沿，而大多数欧洲国家和日本通过采用美国定义的最佳实践成功追赶上了美国。并且，这些经济体也成功地产生了自己的创新并传播到全世界。因此，到了 20 世纪 70 年代初，美国和其他发达经济体之间的技术差异已经大幅缩小。在 70 年代的结构性冲击之后，美国的总生产率增长取得了一定程度的恢复。然而，自 90 年代以来的生产率增长一直低于 1950—1970 年这一时期的水平。

通过简略地回顾美国各主要行业自 20 世纪 80 年代中期以来的累积生产率增长率，我们发现生产率增长在各行业间的分布极不均衡。其中 IT 行业是 80 年代中期以来美国无可争议的创新领导者，这体现在它的高生产率增长上。图 3.9 清晰地显示出 IT 部门在 IT 革命时期的生产率增长超过了 12 倍。这样的高增长使美国其他任何产业的生产率增长都变得不值一提了。

因此，图 3.9 乍看起来似乎印证了关于 IT 革命经济影响的普遍看法。事实并非如此。如果 IT 行业的创新及其带来的生产率增长对经济具有如此深远的变革性影响，那么我们将会看到 IT 行业的生产率增长溢出到经济中的其他行业。然而图 3.9 为这个关于 IT 创新革命性和变革性的故事打上了问号：为什么无论是制造业还是服务业都没有获得与 IT 行业相近的生产率增长幅度？此外，图 3.10 还显示，美国制造业的生产率增速一直高于服务业，特别是零售贸易。

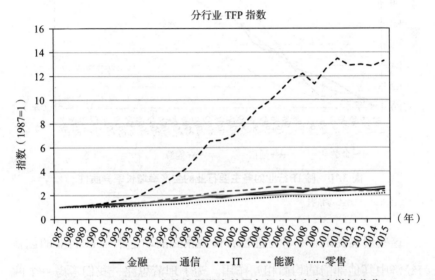

分行业 TFP 指数

图 3.9　20 世纪 80 年代中期以来美国各行业的生产率增长分岔

数据来源：美国劳工统计局。

令人有些惊讶的是，我们没有看到，哪怕滞后地看到与 IT 行业直接和间接相关的其他行业出现明显的生产率增长提升。有人可能会预期，如果 IT 行业是美国经济增长的引擎，其创造的未来产品、技术和工艺最终会使其他行业实现生产率增速的跃升，达到与 IT 行业相当的水平。因此，人们可能会疑惑，为什么美国的总生产率没有随着 IT 行业的创新和生产率大幅增长而实现更大幅度的提升。

分行业 TFP 指数

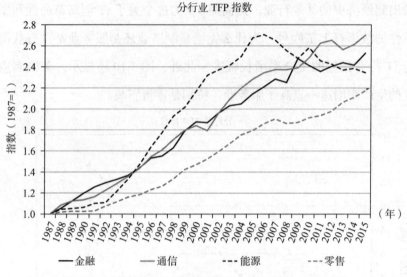

图 3.10　除 IT 行业的各主要行业的生产率增长率异质性

数据来源：法兰西银行。

这些观察提出了一种可能性，即观察到的动态来自 IT 行业的创新与经济中其他部门的均衡相互作用。为了理清思路，我们考虑一个两部门经济。首先是一个传统的成熟部门，它的行业特征是高市场集中度、低创新率和低生产率增长率。第二个部门被称为"IT 部门"，具有新兴的年轻和创新行业的属性。该部门的特征是非常高的创新和生产率增长，以及高竞争水平。生产要素照常有两种，分别是资本和劳动，我们考虑各部门生产过程中使用不同要素密集度的情形。举例来说，这样的设定可以体现美国经济的突出特性。我们的研究设定遵循了内生增长文献的几项最新进展，它们试图将创新与自动化结合起来。

我们的最终目标是描述这样一个经济体的稳态及其在 IT 部门巨大创新冲击下的发展动态。20 世纪 90 年代末和 21 世纪初的互联网繁荣是这类冲击的一个例子。该模型所描述的主要动态机制包括创新与相对价格之间的相互作用。一个竞争部门的创新冲击会对经济产生两种影响：一个是直接影响，在受影响的部门提升生产率、提高工资和吸引更多劳动力；一个是间接影响，通过价格发生作用。在我们的模型设定中，在传统部门占主导地位的公司可能会在某些条件下通过滥用市场势力，以高价格加成的形式使它们的产品维持相对较高的要价。因此，相对这些有一定基础的成熟部门，创新可能会拉低年轻的新兴部门的产品价格。其含义是创新企业面临着向下的收入流，而它们的真实劳动成本却在上升。于是劳动报酬被压低，工人们从高生产率部门转移到低生产率部门。与此同时，创新部门的较低利润会阻碍创新的实现。在原始价格下，这些创新本就是利润微薄的。

由此产生的动态对经济的发展前景至关重要。在可能的最糟糕情形下，相对价格下降和创新下降的恶性循环要到投资和制造产品部门的创新率下降到与成熟部门相等的低水平时才会停止。在我们的模型框架中，一个强创新冲击的初始效应无疑会立即压低劳动报酬。在真实世界中，摩擦可能会平滑冲击的影响，使劳动报酬在一个较长时期内保持稳定或逐渐下降。其导致的经济新稳态如何，需要通过对模型进行公式求解才能做出判断。因此，我们将延后到第十章进行进一步的讨论。

结论

本章实证证明了从生产率的总量增长来看，我们很难将 IT 革命时期看作一个前所未有的创新高峰。

我们的结果表明，创新冲击在各国间传播的网络没有发生变化。尽管美国、英国和斯堪的纳维亚国家的自主创新在 20 世纪 90 年代以来相对七八十年代有了一定回升，但仍低于或接近于五六十年代的水平。另一个重要发现是，欧洲大陆国家的自主创新甚至连这样温和的复苏都没有出现。这些结果，特别是美国和英国的情形，与人们的普遍认识相去甚远。

我们还探讨了这些观察到的数据模式的可能解释。一个简单的解释是用于生成 TFP 序列的增长核算方法已经过时。诚然，我们认识到了国家层面的 TFP 数据的局限性，但这一解释无法对美国和欧洲大陆国家等国之间的创新差异做出说明。此外，它也不符合造成这种相对生产率分歧的美国生产率增长很大程度上来自 IT 创新的事实。结合我们在宏观层面的发现，美国各行业间生产率增长的巨大差异表明，这一数据模式的一个可能解释也许与价格和 IT 创新的均衡相互作用有关。下面的章节将具体研究这一假设，并对上文中的结果给出一些替代性的解释。

02

第二部分
创新的根源及益处

第四章
案例研究：冰岛的成功创新者

吉尔维·索伊加

在本章中，我们建立了一套共同的价值观及相应的态度，来描述 4 家成功的创新公司的创始人特征。每家公司都是基于一项自主创新而成立的，而不仅仅是对新技术的应用。我们发现和确立的这些价值观随后将被用于在国家层面上对价值观与创新关系的研究。

引言

在前几章中，我们发现 20 世纪 90 年代美国、英国和斯堪的纳维亚国家的自主创新率要高于 1990 年后的欧洲大陆国家和日本，并且相对于七八十年代，前者加快了创新的步伐，后者则进一步放慢了脚步。本书第二部分的 4 章旨在为解释这一模式建立一套价值观和信念体系，并研究这些价值观的缺失会对劳动参与率和工作满意度造成什么样的后果。

本章的目的是确立一套共同的价值观及相应的态度，并通过采访

4 家公司的创始人来描述创新者的特征。这些访谈的结果将在接下来的章节中用于指导基于价值观和信念的综合数据的实证研究。受访的公司包括两家软件公司——Solfar 工作室[1] 和 Plain Vanilla[2]，一家假肢生产商——奥索[3]，以及一家开发了最大化航班客座利用率软件的公司——Calidris，该公司现已被世博航空解决方案[4]收购。在 4 家公司中，Solfar 和奥索仍是独立公司，Calidris 被世博航空解决方案收购，Plain Vanilla 于 2016 年关闭其业务并遣散了员工。

访谈

访谈于 2015 年 9 月和 10 月在冰岛大学及 Plain Vanilla 总部进行。每位创新者被邀请来接受几分钟的采访，目的是了解每家公司背后的创办理念，更重要的是在这些创始人之间发现一套共同的价值观及相应的态度。

❘ Solfar 工作室

我们采访了 Solfar 创始人索尔·冈纳森。他早在 20 世纪 90 年代初就进入了软件业，在该行业从业已久，有着丰富的经验。

历史

冰岛现有的大部分软件公司都可以追溯到一家创办于 20 世纪 90 年代的名叫 OZ 的公司。[5] 该公司的成立是冰岛软件行业创新的开始。

当 OZ 公司在 90 年代末被解散时，它的主要参与者又去创办了其他公司，CCP 游戏就是其中的一家，它制作的电脑游戏让全世界的玩家可以一起参与。[6] 第三代公司 Solfar 在 2014 年由 CCP 游戏和 OZ 的三名前高管创建。他们可以被称为"连环创业家"，曾在英国和美国工作过。我们采访的冈纳森就是这三人中的一位。他说，当 Solfar 成立时，他们的想法是，既然冰岛首都雷克雅未克在过去 20 年积累了大量有经验的人才储备，他们就可以在这里建立一个娱乐软件方面的创意工作室。

这些 OZ 出身的人对计算机图像很有兴趣，在 OZ 时，他们通过一个三维的多用户场景将实时图像与网络社交环境结合起来。因此，他们受个人兴趣和背景的驱使建立了 CCP 这家网络游戏公司。一开始，CCP 的竞争力非常有限，直到 Solfar 创造了一个新的技术平台：虚拟现实头戴设备。

这些公司利用它们在计算机图像、视频游戏和沉浸式三维环境等方面的技术专长满足了新的市场需求。正是这些创始人最初的兴趣和他们早在 OZ 时代积累的专业知识推动了冰岛这些公司的发展。这些软件公司的成功吸引了海外人才，从而又催生了新的一批创业企业。创造性毁灭是这一行业的常态。一些公司倒下了，大家另谋出路或去开办新的公司。

冰岛的创新是在对距离不敏感的新技术帮助下实现的。软件不需要依赖于投入品的进口，任何人只要掌握了必要技能就可以在世界任何地方进行软件开发。因为软件行业是知识基础型的行业，其生产成本也非常有限。事实上，分销成本也因为有了互联网而变得微不足道了，这使得偏远的国家也可以进入市场。其他有利于冰岛的因素还包括对互联网的较早和快速采用，以及对创新的文化接受能力。

价值观与基础设施

新软件公司成立的基础是一个受过软件编程训练、具有留学经历和扎实教育背景的人才池。冰岛有很好的学校和大学，很多人还会出国深造。（Solfar 的一位联合创始人曾在国外学习物理。）这些学生将他们的学术知识带回冰岛，这样就有很多曾在不同国家学习、拥有不同学术背景的人将他们的想法和经验汇聚到一起。从这个意义上说，冰岛不是一个同质的国家，而更像是一个不同教育背景的人们将很多个国家的传统和方法聚集到一起的大熔炉。

冰岛的文化是这些公司成功的另一个基础。这个国家有着传说、文学史、美术、诗歌和音乐的传统，这些与编程技能结合起来，就为这个行业的创新创造了一个成熟的环境。并且，冰岛是一个容忍失败和赞赏冒险的国家，而在英国这样的国家，失败则不被认可。冒险是冰岛文化中不可或缺的一部分。因此，冒险、良好的教育和有创造力的个人共同助力了冰岛软件行业的发展。

从制度环境来看，其监管框架和融资便利使冰岛成为一个适宜创业的地方，尽管对于已经崭露头角的创业企业来说，很难继续在本地扩大规模。该国为家庭提供了良好的生活环境，这里有便宜的幼儿园、免费的学校教育以及享受补贴的医疗服务。因此，有家庭的创新者在创业时不必拿孩子的教育和家人的健康冒险。这又进一步激励了冒险行为。

经验告诉我们，失败要趁早，这样就可以从头再来，而不必在计划和筹谋间蹉跎岁月。由于市场在飞速变化，开发样品并测试市场要比全面的计划更为有效。尽管如此，冈纳森在创建 OZ 时还是制订了周密的商业计划，因为商业计划是一次有用的思想练习，并且也是应债权人的要求而做。好的人员和好的计划一起构成了一个完美的组合。

融资与宏观经济环境

冰岛的融资环境有利有弊。早期的融资较为便利，来源包括亲友、天使投资人和种子基金。相对而言，扩张资金则存在上百万美元的缺口，这阻碍了公司的进一步成长。此外，银行和养老基金也可以提供较大规模的融资，还有新成立的风险投资基金，如 Brunnur，也对创业企业提供支持。

2008 年实施并生效直至 2017 年初的资本管制阻碍了外国投资者对冰岛的投资。在资本管制下，官僚主义成为资本流入的一大障碍，与中央银行的业务往来也存在一些摩擦。从这个意义上说，冰岛有别于其他西方国家，而更类似于发展中国家。然而取消资本管制并不能解决与一个拥有世界最小独立货币的小国相关的一切问题。在资本管制实施之前，CCP 就差点因汇率波动而迁往海外。

信任

尽管有汇率波动和后来的资本管制（CCP 免于管制，但该国在投资者中的声誉仍受到影响），CCP 还是决定留在冰岛，因为它的管理层熟悉当地的环境并了解规则。相比瑞典和英国等邻国，冰岛有更少的摩擦、更宽松的管制和更快速的决策过程。冰岛公司没有那么严格的结构层级，它们的组织更扁平，对高管人员也没有那么敬畏。这是冰岛文化的一部分，或许也与公司规模较小有关。在 CCP，650 名员工分布在世界很多国家，可以看到冰岛的组织结构相对其他国家是较为扁平的。

此外，冰岛的商业关系往往以信任为主。在有证据表明对方不值得依赖之前，人们首先是相信彼此的。这也体现了冰岛这个国家有多小，在一个特定行业中，很多人都互相认识。个人与企业的声誉伴随着对个人的善意预判。相反，在美国，人们对遇到的人没有一个参考框架，因此，怀疑占了上风。在美国，默认的操作程序是在赢得彼此的信任之前先不相信对方。

信任是公司得以在冰岛迅速成立的原因之一。这种信任很大程度上还体现在员工与员工、个人与银行、个人与律师等关系之中。

因国家较小而采取出口导向

缺少本国市场也是冰岛的创业企业成功的一个因素。这些公司在成立之初就必须考虑国际市场，因而它们直接就要面对来自国外公司的竞争。位于芬兰的诺基亚也曾受益于此。相反，在中国，一些大型的游戏开发商只在国内运营，不对外出口，因为它们没有来自国外的竞争。

员工的理想品质与创始人的价值观

员工要能独立思考、打破常规，为自己或所在的小团队做出决定。沟通技能非常重要，教育背景也如此，但是工作经验可以替代后者。随着公司的发展壮大，对专业化的需要更急迫。快速决策和沟通技能对微型企业（小于30人）来说非常重要。创始人的个性会影响公司雇用的员工类型，但随着公司的成长，会有更加多元化的员工加入队伍。

创始人愿意在高度创造性的行业中工作，喜欢这类工作的高回报属性。他们向往财务独立，期待自己变得富有，尽管钱不是主要的驱动因素。喜欢创新的人渴望不确定性和冒险，这往往使他们取得创业的成功。挑战的渴望、冒险的意愿、在不确定环境中工作的能力、个人气质和背景都是关键因素。最后，创新者应该能够接受失败，并且不过分在意失败。对于失败的社会态度在不同情况下可能有益，也可能有害。在冰岛，失败是可以原谅的，这对想要成为创新者的人来说是非常有利的。

Plain Vanilla

在 Plain Vanilla，我们采访了首席科技官阿尼·扬松和首席执行官索尔斯坦·弗里德里克松。

历史

Plain Vanilla 是开发了意外爆火的益智问答游戏 *Quiz Up* 的公司，这款游戏受到 4 000 多万用户的喜爱。Plain Vanilla 在 2016 年雇用了 90 名全职人员。公司由当时刚从牛津大学毕业的弗里德里克松于 2010 年创建。

在创立 Plain Vanilla 之前，弗里德里克松主要为其他创业企业工作。他对创业有普遍的兴趣，并以乔布斯和埃隆·马斯克等创新者为偶像。弗里德里克松人生的转折点发生在他在牛津读书期间，当时他参加了一个叫"硅谷来到牛津"的项目。一些硅谷赫赫有名的人物，包括特斯拉的创始人埃隆·马斯克[①]、领英的创始人雷德·霍夫曼，来牛津与 MBA（工商管理硕士）学生见面并与他们共度一周的时间。弗里德里克松发现这个项目非常具有启发性，但当他在 2009 年回到冰岛时，冰岛国内正经历着一场经济危机。在为其他创新者的创业企业工作的同时，他产生了想要建立属于自己的公司的想法。

Plain Vanilla 有专门的部门负责向用户发放调查问卷。他们不是自己编写问卷问题，而是从专家那里收集问题并进行编辑。他们还积极回应用户对游戏新功能的诉求。

Plain Vanilla 的大部分员工都是程序员或工程师，他们为 iOS（苹果开发的移动操作系统）和安卓系统开发了 *Quiz Up* 这款 App（手机应用软件），运营网站，并进行数据分析。当用户使用软件时，公司

---

① 埃隆·马克斯常被误传为特斯拉创始人，实际上他是特斯拉 A 轮融资的投资人之一。特斯拉创始人为马丁·艾伯哈德、马克·塔彭宁。——编者注

可以追踪他们的动作。比如，如果大部分用户都使用一种功能而不是另一种功能，分析师就会收到提醒，这有助于公司评估产品性能。公司员工还包括质量保证和用户支持人员、一名产品经理、美术设计师、一个财务部门和一个人力资源部门。

资金

获取资金对 Plain Vanilla 来说并不容易。一位联合创始人将他的全部积蓄都投入了公司，并且，创始人们还一起为其他公司做一些兼职来赚取收入。例如，Plain Vanilla 开发了冰岛的达美乐比萨 App，这为他们带来了丰厚的收益。然而，他们筹集到的资金也只够 The Moogies 游戏的启动。

扬松说："基本上我们不成功就得出局，结果还是失败了。"尽管受此重挫，创始人们通过专注于先前的副业而使公司维持了运转。这是一个前景黯淡的时期。他们没有放弃，因为他们通过接其他公司的外包项目保证了最低收入，而且他们对自己的工作有信心。他们认为只要还付得起账单，就没有理由放弃。

他们设法从一个冰岛投资者那里募集到了一笔资金，前提是他们有一个成熟想法并与一家海外孵化器合作。这位投资者给了他们几百万冰岛克朗，成为公司的合伙人，但这只够维持他们几个月的运转。他们已经用尽了在冰岛所能获得的所有财务资源。

2008 年金融危机之后，投资者们更是疑虑重重。虽然 OZ 和 CCP 取得了成功，但 Plain Vanilla 的融资却经常被拒绝，因为那些成功的公司是属于过去的，而在它们之后有大量公司一败涂地。投资者怀疑 Plain Vanilla 也没什么不同。Plain Vanilla 坚持通过一位联合创始人的朋友联系上了一家旧金山的创业孵化器，但当创始人们抵达旧金山时，他们又一次陷入了一种"不成功就出局"的窘境。

当 Plain Vanilla 向那家美国孵化器展示自己的想法时，反响异常冷淡。在孵化器方看来，益智问答游戏是最无聊的一种游戏了。但他们没有将 Plain Vanilla 拒之门外，一开始他们觉得 Plain Vanilla 在做的东西有点意思。在孵化器工作的这些人是很有经验的，但是 Plain Vanilla 的创始人们逐渐感觉到这些人并不知道 Plain Vanilla 到底在做什么。

这家孵化器帮助他们在特拉华州建立了又一家 Plain Vanilla，作为冰岛 Plain Vanilla 的母公司处理一切法律事务。就在万事俱备，只差向特拉华州的公司签署移交所有权文件时，孵化器的所有者突然失联了。原来这个人长期酗酒，当时他喝得太多，到处都找不到人。这时，Plain Vanilla 的创始人们意识到他们必须摆脱这家孵化器。他们没有与孵化器签订任何具有约束力的协议，所以直接退出了。这家孵化器曾帮他们在 IGN 公司找到了一处办公设施，通过与 IGN 的协商，Plain Vanilla 在退出孵化器的情况下依然保留了这些设施。

在美国期间，Plain Vanilla 资金依然非常紧张，所以亟须尽快找到首家海外投资者。创始人们联系了另一位冰岛人——Unity 3-D 的 CEO（首席执行官），并向他展示了他们的作品。他们之前没有任何联系，但正如他们所说："你知道，冰岛人在国外总是互相帮忙，所以

他同意和我们见面。"这位 CEO 成为他们的首位海外投资者。Unity 3-D
是一家非常成功的公司,大部分手机游戏都是在他们生产的游戏开发
平台上运营的。因此,这位 CEO 在这一行有一张庞大的人际关系网。
其中被证明最有成效的联络对象是红杉资本,这是一家专门在创业阶
段投资私人企业的风险投资公司。他们与红杉资本会面的故事一时间
得到了广泛的报道而成为传奇。

这位冰岛投资人为他们与红杉资本的高层安排了一次会面,并且
冒了很大风险。"于是红杉资本的人来了,这位冰岛投资人告诉他,
自己正要结束与 Plain Vanilla 的 CEO 的会议,会尽快与他见面,但他
或许愿意在最后几分钟加入他们的会议,因为他可能会对 Plain Vanilla
正在做的事情有兴趣。红杉资本的人有些生气,因为这位投资者骗他
见了 CEO。"在 5 分钟内,Plain Vanilla 的 CEO 成功将 *Quiz Up* 的概念
推销给了硅谷最有影响的投资者之一。红杉资本投资了 Plain Vanilla,
这又吸引了其他投资者跟进,当 Plain Vanilla 的创始人们准备回国时,
他们已经用股权筹集到了 110 多万美元的资金,可谓大获全胜。

产品开发

美国孵化器将 Plain Vanilla 与一张巨大的美国关系网连接起来,
同时为创始人的新想法的开发提供资金支持,这个想法就是制作一
款益智问答游戏 App。他们是在对早期一款失败的实验性产品 *The
Moogies* 进行评估时产生了这个想法。*The Moogies* 严重依赖于视频,
这就使得内容的制作过程极为漫长。Plain Vanilla 的美术设计团队和插

画师花了一年多的时间为游戏制作视频内容。弗里德里克松说:"如果你想让它在应用商店上架,你就必须做到快速调整。你要不断更新产品以让消费者记住它。"于是创始人们讨论了他们有哪种游戏是可以进行月度制作和更新的。他们在益智问答游戏中看到了新的机会。

这是一个几乎空白的市场,他们决定抓住机遇。益智问答游戏在桌面游戏中是一个广为人知的类别,他们也见过其他开发商借助桌面游戏的想法开发产品,比如基于看图猜字游戏的一款 App,以及基于纵横字谜游戏的 *Words with Friends*。在这一时期,还没有一款专注于益智问答游戏的 App 获得广泛成功。

Plain Vanilla 的益智问答游戏之所以在竞争中脱颖而出是因为品质。要制作一款由单人模式的益智问答游戏非常简单,但是 Plain Vanilla 的创始人认为在线游戏可以带来更愉快的游戏体验,因此他们将益智问答游戏带上了一个新台阶。之前的开发商一直致力于复制棋盘问答游戏,而不是将创造性思维融入开发过程。这当然是一个限制因素,毕竟主题和可能性也是有限的。但是 Plain Vanilla 的思路是,用户有可接入互联网的设备,那么让我们利用好这一点,创造一个拥有无限可能性的交互式益智问答游戏。从这个意义上说,它是第一家在这一游戏类别中充分运用移动技术的公司。它计划推出多款 App,每一款软件对应一个益智问答的主题。

计划制订

如扬松所说,有计划固然是好的,但是一个创新者必须愿意随着风向的转变而调整计划。科技世界发展得太快，长期计划是不现实的。Plain Vanilla 一开始也制订了一些计划，但随着时间的推移做出了很多调整。最初的计划是制作一大批小型的 App 或卫星应用。它制作了 *Quiz Up* 欧洲电视网版，吸引了 2 000 多名用户；接着与 IGN 合作推出了 *Quiz Up* 蝙蝠侠版，拥有了 20 万用户。然后，它为《暮光之城》设计了官方 App，由《暮光之城》的制作方进行推广。*Quiz Up* 暮光之城版约有 100 万用户。

接下来，Plain Vanilla 准备发布被其称为"母应用"的 App，其中有大量的分类可供选择。它的计划是将用户从卫星应用引导到母应用上，并保持每月发布新的卫星应用。被称为 *Quiz Up* 1.0 的母应用于 2013 年 11 月 7 日上线，并迅速取得了成功。在第一周，有超过 100 万用户下载了这款软件。Plain Vanilla 的创始人们曾大胆预测他们将在两个月内获得百万下载量，但认为这有些乐观了。*Quiz Up* 1.0 在几周内一直位居应用商店下载量榜首。

这时，Plain Vanilla 意识到他们应该专注于 *Quiz Up* 1.0，这意味着不再开发新的卫星应用。公司需要转变路线。因为他们已经获得了庞大的用户基础，这是他们的首要事项，其他的事暂且放下。这是一个计划说变就变的例子。*Quiz Up* 2.0 于 2015 年 5 月 21 日上线。这次更新引入了更多社交功能。每个主题都有一个首页，用户可以在上面发布与该主题相关的图片或网站链接并进行讨论。例如，喜欢《权力的游戏》的用户可能既喜欢电视剧又喜欢原著，他们也可能对剧中演员的视频或图片感兴趣，等等。Plain Vanilla 的员工不断努力对 *Quiz*

Up 2.0 做出改进。就在这次访谈开始时，该公司还发布了关于美国全国广播公司（NBC）的一个新游戏节目的新闻稿，这个游戏将被称为 *Quiz Up* 美国版。

创新的迷人之处何在？

创新给予了人们某种程度的自由，包括不必朝九晚五工作。此外，还有创造新事物的需要。扬松认为这种工作需要顽强的毅力。有时它会要求连续数月每天工作 14 个小时，使人没有时间再做其他任何事。但付出也是有回报的。正是创新、自由与坚持的需要结合在一起才使这份工作这样具有吸引力。

扬松有股票期权和"金手铐"激励，但这不是他做这件事的原因。他对创新充满热情，但是成功需要有生产出卓越产品的志向。他希望制作出世界上最好的 App，比如花一周的时间只为完善它的屏幕滚动功能。他想让用户感觉到尽善尽美。

好的品位也非常重要。如果一个开发商没有好的品位，人们就不会喜欢它的产品。创新与坚持如果没有好的品位则一无是处，创造者必须设定高标准。

员工的必要素质

扬松认为经验比学历更重要。他说："如果有人没上过大学，但开发过自己的 App，那么我会聘请他，而不是一些有学位但只做过学校项目的人。"他想要的是聪明人，但最关键的是良好的沟通能力。

如果他们不会与人沟通,那么他们可能会有很好的想法却不为人知。"我们的员工需要在团队中尽职尽责并与同事沟通,"他说,"我们的队伍中有些人是音乐家,但我觉得这只是一个巧合,至少不是有意为之的。招聘过程很艰难。Plain Vanilla 面试应聘者时,如果应聘者可能是公司想要的人,就会让应聘者在实际的项目中工作四五个小时,关注其一举一动,让他描述自己正在做的事情,以及为什么要这样做,等等。"

CEO 对他的高管最看重的是有冲劲的人天然所具有的某些特质。人们从十几岁开始就不再有什么大的变化,所以他很重视他们曾经做了什么。如果有人曾创立了自己的企业并失败了,那就是此人所能得到的最好推荐。人们在学校社交场合的表现也说明了很多问题。"我认为我的大多数高管都曾在大学的学生会中担任过领导职务。有人说这种头衔没什么意义,但是它代表了某些特质。这样的人具有主动性,并且有一种冲劲。"

建立人际关系网

如果一个人有值得展示的东西并且愿意运用人际交往技能,那么人际关系网将产生巨大的价值。理想情况下,建立人际关系网应该遵循一定的方法。见到一个人时,必须意识到我们想从他那里得到什么。这听起来可能有点冷酷无情,但是,举例来说,如果一个创新者想要找到一个投资者,但遇到一个感觉不太可能给自己的想法投资的人,这个创新者就必须考虑这个人还有哪些社会关系可以利用。每一次会面的目的都应该是要么合作，要么被介绍到下一家。硅谷的社会结构是层级式的，或许和印度的种姓制度没什么区别。那些在底层的是有想法但没有资金的人。上一层是有资金的创新者，然后是那些有成熟企业的人，接下来就是投资者，等等。参与者必须从底层做起，在每一层到来的时候把握住机会，就像在视频游戏中玩家要不断获取经验值以进入下一道关卡。作为一名玩家，你要去见能给你横向或纵向引导的高级玩家。毫无疑问，这是一个小世界，关键是到达它的顶峰。

即使在与美国的大企业打交道时，归根结底也只是人与人之间的沟通。扬松说："如果你害怕去那里约 CEO 见面，那你就错了。你不会总是成功，但你也没什么好失去的，实在不应该害怕。他们也只是像你我一样的普通人，有时会在家里遇到麻烦，经历过好日子，也会有不顺利的时候。如果你成功与他们建立了关系，那将对你的事业起到举足轻重的作用。所以简单来说，最令人惊讶的就是当你在这个层面做生意时，人际沟通会起到怎样的作用。"

▌Calidris

Calidris 是由马格努斯·奥斯卡松和科尔贝恩·阿林巴贾纳松于 2002 年组建的。该公司为全球航空业提供收入完整性和商业智能解决方案。Calidris 具有几项优势：首先，作为入门级的收入完整性服务，Calidris 订票完整性解决方案会发现航空订票业务中的问题，并对消除问题的过程提供支持；其次，Calidris 总收入完整性解决方案会监控订

票、预约、机票和离港控制以保证不会出现收入漏损；最后，Calidris
授权解决方案是一个集成的乘客及航班数据库和流程管理引擎。

与世博航空解决方案在 2009 年 9 月的接触是 Calidris 的一个转
折点。世博航空解决方案和艾玛迪斯是航空和旅游业 IT 服务的两个
主要提供商。世博航空解决方案最初由美国航空和 IBM（国际商业
机器）创建，后者开发了世界上第一个电子商务系统。世博航空解
决方案拥有 9 000 名员工，总部位于美国得克萨斯州的达拉斯。它为
航空公司提供大量的乘客营销和优化服务，想要收购 Calidris 是因为
它需要一个世界级的收入完整性系统。这项收购于 2010 年 3 月 29 日
完成。

世博航空解决方案的一位经理前往冰岛进行将 Calidris 并入世博
航空解决方案的工作。创始人们作为产品专员继续工作了三年。这位
经理研究了冰岛的企业文化，并在达拉斯促成了冰岛分公司的建立，
这成为成功整合的关键。这个当地办事处保留在了世博航空解决方案
内部，现在已从收购时的 35 名员工增加到 55 人。Calidris 是第一家在
被外国公司收购后仍继续在冰岛健康运营的冰岛 IT 创业企业。

创新者的背景

奥斯卡松在冰岛大学一开始学的是工程，但入学后不久就转到了
计算机科学专业。他获得了计算机科学的学士学位，并开始在冰岛国
立大学医院工作。接着他又到美国完成了计算机科学硕士学位的学
习，并在瑞士取得了 MBA 学位。

产品背景

完成 MBA 学业之后，奥斯卡松为冰岛航空工作了 6 年，对航空公司的运营有了充分的了解。他制作的常旅客程序现在仍被使用，还完成了一个现代收入管理系统，其目标是通过平衡价格和客座利用率来实现利润最大化。这个系统可以预测不同价格下的座位需求，从而在顾客提前购买的情况下限制低价座位的数量，在顾客临近出发时购买的情况下限制高价座位的数量，以利用不同细分市场的价格敏感度和购买行为差异对收入进行优化。相对于 20 世纪 60 年代所有座位以统一价格出售的做法，这是一种变革。如果你提前购买，可以享受更低的价格。

收入完整性的想法是由冰岛航空提出的。为了最大限度地提高载客率，航空公司一般的做法是预测未到的订票人数，并通过超售来补偿相应的损失。在 7 月旺季的一天，当所有航班都被订满，一架从纽约起飞的航班在严重超售的情况下依然空出了 10 个座位。为了寻找原因，奥斯卡松要来了一份未到订票名单。一位女乘客告诉奥斯卡松她本来可以在 2 月就告诉他这些人不会来乘机，原因是这些通过旅行社订票的乘客在订票时不需要付款，而冰岛航空没有对这些预订是否实际付款和出票进行监控。奥斯卡松意识到他们解决这个问题的细节层次出错了：他们应该监控机票预订并确保这些预订是真实的并被支付，而不是在航班层面上预测未到订票数。但是，要在一个航空公司已经使用了 30 年的 IT 系统中实现这些监控过程是不可能的。他脑中浮现出两个想法：首先，将订票信息从旧的系统中复制到一个数据库，使这项工作成为可能；其次，使用数据找到没有在规定时间里支付和出票的问题订单，并将它们取消以空出座位卖给真正会付款的乘客。这两种解决方案似乎都没有现成的。

在离开冰岛航空作为 OZ 的总裁工作一段时间后，奥斯卡松与一位美国合伙人建立了 Stonewater 公司，并基于上述两个想法开发了一个系统。该系统可以监控航班订票情况，寻找像测试先生、唐老鸭先生之类的假名，重复订票的乘客，以及没有及时付款和出票的预订。冰岛航空成为试点客户并为开发工作支付了费用。这一系统在运行的第一年就使未到订票数减少了 60%。

那位美国合伙人于 2002 年退出，奥斯卡松便与他的联合创始人，一位在冰岛航空的前同事，阿林巴贾纳松一起创建了 Calidris，接管了 Stonewater 的业务。这时，收入完整性的概念已经在航空领域确立起来，Calidris 很快成为该领域的领导者，起初是因为他们有最好的技术解决方案，后来是通过为航空公司客户创造最大价值。

扩张

Calidris 的国际扩张始于 2001 年与芬兰航空的合同。尽管 "9·11 恐怖袭击事件" 使对航空公司的服务需求减少，Calidris 借由与芬兰航空的合作得以生存下来。

此时，芬兰航空开始使用一个由艾玛迪斯新开发的预订系统，Calidris 将它的系统与艾玛迪斯的整合，这为之后的成功奠定了基础。接下来，该公司通过继续扩大与领先航空公司的合作，比如 2004 年与阿联酋航空、2006 年与英国航空（该公司与 Calidris 签订了一份数据复制和流程管理解决方案的大额合同，但没有使用收入完整性系统），实现了进一步扩张。

测试先生被取消预订，唐老鸭先生也一样。同时预订了到达同一目的地的两个航班的乘客可能会被取消其中的一个航班，因为他们不可能同时出现在两个地方。公司发现旅行社可以抢到所有低价座位，并通过使用虚假预订占满所有可订座位来欺骗航空公司，然后，当真正的客人出现时，再取消其中的一个预订并迅速重新订票以获得本不可订的低价座位。Calidris 消除了这种做法。在 Calidris 解决方案的帮助下，阿联酋航空在前 6 个月增加了 800 万美元的利润，热门航班的客座利用率也由 92% 提高到 97%。

后来，Calidris 又与奥地利航空、哥伦比亚阿维安卡航空、维珍大西洋航空、捷克航空和很多小航空公司展开了合作。该公司还与国泰航空签订了一份关于数据存储和流程管理解决方案的大额合同。

到了 2018 年，收入完整性解决方案已在 50 家航空公司投入使用，世博航空解决方案也在美国西南航空等一些全球最大的航空公司应用了 Calidris 的数据存储和流程管理解决方案。

运营与融资

在成立的前 10 年，Calidris 依靠运营获得的资金来支持开发，而没有寻找外部融资。来自第一批客户的收入支付了第一个版本的费用，并且创始人们最初兼职做一些咨询工作，所以对创业资本的需求非常有限。在那段时间，好的计划是必要的，尽管这些计划从未按照预期实现。公司的全部利润都用于扩张，比如招聘更多员工来开发更好的产品。

公司很幸运，从一开始就吸引到了优秀的人才。第一批员工是在暑期做兼职工作的计算机科学专业学生，随后奥斯卡松带来了一支由OZ的旧同事组成的核心团队。招聘工作的重点始终是尽可能聘用最好的人才。在2003年，Calidris聘请了一位外部总裁，使创始人们可以专注于产品管理和销售工作。

2005年，冰岛克朗升值了20%，几乎使这家公司走上绝路。为了降低风险，公司将部分开发业务外包到印度。然而，管理跨文化和跨时区团队的经常性开支使这次转变并未产生出应有的价值。

2007年，在一次快速扩张之后，由于销售计划没有完成而使一些问题暴露出来。当时，客户只支付初始的许可费用，而不需要为后续的服务付费。通过裁员，公司以只留下半数员工渡过了难关。加入公司的新股东持有45%的股份，两位创始人持有45%，员工持有10%。奥斯卡松再次接任总裁一职，直到公司被世博航空解决方案收购。

价值观与成功的关键

Calidris以三大价值观作为行动指引：共同成功、快乐和知识。其中主要的价值观——共同成功与信任相类似。它是指如果公司为客户创造了价值，公司会受益，而如果公司运转良好，员工也会受益。所有员工都会成为公司的股东，获得为期5年的认股权。公司实行一种无秘密原则，所有财务信息都会与员工分享。

快乐是另一项关键价值观，和有趣的人一起为有趣的客户处理有趣的问题是令人愉快的。而如果客户的员工发现和该公司一起工作比和其他竞争公司工作更愉快，就会继续保持合作。公司非常重视合作和团队协作，并利用团建活动来促进合作的加深，比如每年都在公司间的"骑车上班"比赛中获胜。公司的办公地点也是独一无二的。它是建在雷克雅未克市中心的 Öskjuhlíð 公园山顶的唯一一座办公建筑，地处市中心却非常安静，两边分别是一个墓园和一所聋哑儿童学校。公司聘请了一位厨师每日为大家提供高质量的午餐，鼓励员工在午餐时间坐在一起聊天。家庭观念也非常重要：公司的所有聚会和团建活动都会邀请员工配偶们参加，孩子们也在办公楼中有自己的游戏室。

在冰岛，创新的其他要点还包括对工作的不同文化态度和信念。例如，知识是至关重要的。Calidris 被定义为一家知识型公司。其他有价值的态度还包括欣赏从无到有的创造能力（比如数字技术）、从事挑战性任务和有意义的工作的机会，以及处理不确定性和模糊性的能力。冰岛社会还提供了高度发达的社会安全网，包括免费的教育和医疗，这些与有限责任公司的法律地位一起，为创业企业的员工减轻了风险。回报率有时很高，有时则不然。OZ 是一所创新领域的伟大学校，来自 OZ 的团队为 Calidris 带来了非常大的变化，因为他们曾经有过类似的经历。

考虑文化差异是有益于成功的。在印度，社会结构是等级式的，服从非常重要。在波罗的海，情况则有所不同。权力距离在不同国家之间也有很大差别。在韩国、比利时和法国，权力距离很高，而在瑞典则要低得多，冰岛的权力距离非常之低，因此冰岛人能够很容易地与不同等级的任何人一起工作。

航空业的全球化属性也是 Calidris 成功的一个关键因素。航空公司已经习惯了与来自世界各地的供应商合作，所以来自地球上一个不为人知的小角落并不是什么问题，只要供应商能够提供更为优越的价值。

▌ 奥索

最后，我们简单地介绍一家从事完全不同业务的公司。奥索由奥索·克里斯汀松于 1971 年创建，目前在 18 个国家雇有 2 300 名员工。奥索是一家生产假肢的创新公司。它是以修理假肢起家，后来将业务扩展到生产领域。我们采访了公司的 CEO 扬·西于尔兹松。

奥索于 1999 年在冰岛证券交易所上市，并通过一系列战略收购迅速扩张。该公司于 2009 年在纳斯达克 OMX 哥本哈根证券交易所上市。奥索现已成为一家全球公司，被世界经济论坛评为"科技先锋"，业务遍及美国、欧洲和亚洲。它的主要创新是一项将硅胶接口用于假肢接受腔的突破性成果。该公司将无数改变生活的产品纳入自己的产品系列，例如用于缓解膝关节炎疼痛的动力性支具，以及世界第一副融入仿生技术的完整仿生腿。

融资与管理

公司最初的创新资金是来自留存收益。创始人放弃了控制权，并在业务扩张后离开了公司。新的管理层决定发行股票以促进产品线和分销系统的进一步扩张。该公司还在一家商业银行的帮助下发行了公司债券，并被冰岛国内的一些养老基金购买。借助股票市场和债券发行募集到的资金，该公司于2000年通过投资公司克伊普辛完成了对一家美国公司的收购。这是时至当时冰岛公司最大的一笔收购。被收购的公司在美国有分销系统，而奥索引进的创新是全新的，不是市场上任何一种已有产品的近似替代。

在公司走向扩张后不久，流入冰岛的资本造成了当地股票市场的泡沫。这使股市投资者不再关注像奥索这样的制造企业，而开始向金融部门转移。于是奥索的管理层去其他国家路演以吸引资本。结果，富达基金投资了奥索的股票，一家瑞典基金跟随富达进行了投资，又有一家丹麦基金和其他很多投资者随后跟上。公司所有权因此变为非冰岛的。

有了更多资本，奥索就可以收购更多的海外企业，公司的外国所有者表达了将公司迁往更大国家的愿望。尽管外国所有者建议公司更换一家外国银行，但是奥索仍然选择了冰岛银行克伊普辛。这是因为克伊普辛为奥索提供了更好的贷款条件。当克伊普辛在2008年破产时，奥索转向了其他外国银行。

计划与宏观经济发展

没有哪个商业计划是在创新活动刚开始时做出的，而是逐渐发展成形的。在复杂多变的商业环境中，汇率波动和工资增长变化等不稳定因素使计划制订变得更为困难。由于在 2008 年以前较少使用外资和进行收购，奥索在金融危机时资金较为充足。它是冰岛股市中唯一一家不需要进行债务重组的公司，尽管一些股东因借入外汇购买该公司的股票而在汇率崩溃中损失惨重。

自 2002 年后，奥索就只有外币账户。该公司请求将它在冰岛证券交易所的所有股票都以外币进行认购和交易，但是冰岛中央银行和税务部门驳回了这一请求。这就使得在 2008 年秋汇率和股价齐跌时，使用外币杠杆的股东遭受了巨大损失。资本管制措施在冰岛的实行使这些股票对外国投资者失去了价值。公司通过在哥本哈根证券交易所上市作为应对，实际上成为一家外国公司。

结论

通过采访创新者，我们建立了一套有利于创新的个人和文化特征，可以总结如下：

· 创新者喜欢工作的回报属性，愿意在具有创造性的行业工作，并且重视财务独立。
· 创新者往往喜欢不确定性，并乐于冒险。
· 他们也能够接受失败。
· 以下因素可以支持创新：
    — 简单的法律法规（办事程序不会过于烦琐），获得融资和资金的便利性；

– 一个员工不会害怕向老板说出自己想法的扁平式组织结构；

– 对商业关系的信任；

– 面向世界市场而不是一开始就面向国内市场；

– 容忍失败和赞赏冒险的文化；

– 拥有免费教育和医疗的福利国家。

第五章
价值观的力量

吉尔维·索伊加

我们研究了 20 个 OECD 国家的价值观、制度和创新指标。对变量的选择部分基于第四章中对冰岛创新者的问卷调查。我们发现，在描述价值观及制度的一个潜在变量和测量经济绩效的另一个潜在变量之间，存在非常强的相关性。特别是我们发现，信任、采取主动、在工作中取得成就的愿望、教育孩子独立和接受竞争对经济绩效具有正向影响。相反，教育孩子服从则可能降低经济绩效。经济绩效是由本土 TFP 增长、引进 TFP 增长、工作满意度、男性劳动参与率和就业率衡量的。生育率也包含在这个变量之中，作为衡量对未来乐观程度的一个指标。

引言

在第二章中我们发现，20 世纪 90 年代美国、英国和斯堪的纳维亚国家的自主创新率要高于 1990 年后的欧洲大陆和日本。本章的目的是使用价值观的总量数据和描述这种价值观缺失时会产生什么后果，来建立一个可以解释这一发展模式的价值观和信念体系。

经济绩效（增长率、就业率和产出水平）决定了我们的生活水平和工作满意度高低。经济绩效背后的主要驱动力是人才的创新速度。威廉·鲍莫尔曾指出，每个国家都有自己的一部分人才，但是这些人才如何支配时间以及有怎样的目标则取决于整个社会的价值观和制度。[1] 本章是关于创新和价值观的。我们将探讨有哪些价值观及相应的态度是最有利于创新的。我们会询问观察到的价值观及相应的态度差别是否有助于解释各国自主创新率的差异。我们也会试图回答是否某些国家天然具有更有利于创新的价值观及相应的态度，以及有哪些文化属性是最有利于创新的。

创新和经济绩效

我们研究的核心概念是创新，它也是增长的动力。我们将自主创新定义为被国内的企业或消费者广泛采用的一项本国发明。相反，引进创新则是被本国企业采用的其他国家产生的创新。在我们的框架中，自主创新是指一个出现在某个商业人士头脑之中的、之前从未有人想到过的全新想法，随后被付诸实践，例如 24 小时新闻频道 CNN（美国有线电视新闻网）、智能手机或平板电脑。

自主创新并非对不断变化的商业环境的适应，例如那些由哈耶克式企业家做出的创新，他们的动机是将经济带向潜在产出水平。根据哈耶克的说法，条件的变化，例如人口增长或工程师和科学家的发现，为企业家的商业应用开辟了道路，从而使经济向效率前沿靠近。[2] 在他看来，创造力是无法在企业家身上发现的，只能由科学家提出新的想法。举例来说，商用喷气式飞机应归功于工程师在二战期间的工作，汽车则得益于内燃机的技术发现，而电梯的发明要感谢伊莱沙·奥的斯在 1852 年发明了能够防止轿厢从井道中掉落的制动器这一装置。自主创新也不是熊彼特式企业家对科学家技术发现的商业应用。

相反，在本章所要使用的框架中，自主创新是扩展生产前沿的新的商业想法。一个有着自主创新的经济会通过一连串关于新产品和新工艺的新想法，来不断扩展它的生产可能性。这些想法由商业人士提出，并逐渐扩散到整个经济当中。

新想法来源于商业人士的创造力，有的人利用自己的想象力去构思新的产品或工艺，有的人对这些产品或工艺进行巧妙的应用。一个国家的自主创新则来自整个国家的创造力及其利用这些创新的能力，而一个经济体的创新能力取决于现有的经济体制。资本主义制度有多种方式可以促进创新。首先，它可以通过有益的制度来提供支持，比如专利制度，也可以按照官方的意愿去帮助新企业发展，承受创造性毁灭的力量，等等。它还可以通过打消保护既得利益的企图来支持创新，而这是社团主义经济的典型做法。其次，国家还必须拥有大量人才，他们有进行创新的兴趣和见地。这些人才对商业有着某种直觉，从而有能力思考新的产品和生产方式；他们也愿意冒险，并接受失败的可能性。最后，价值观和信念非常重要，包括向孩子们灌输的价值观及相应的态度，以及社会对于创新者的态度，这决定了他们是被羡慕还是被嫉妒，是会得到来自社会的帮助还是受到打压，等等。

Phelps（2017）描述了一个国家对创新活动的主流价值观及相应的态度是如何在该国的伦理体系中找到起源的，马克斯·韦伯将这种伦理归为宗教的影响。[3] 在《大繁荣》一书中，费尔普斯描述了活力的精神如何在不同国家各不相同，以及如何随时间发生变化。他还介绍了从 16 世纪初到 19 世纪，这些态度在部分西方国家变得越来越流行，特别是在英国、美国、德国和法国。[4] 韦伯回溯这些价值观及相应的态度变化至宗教改革，而费尔普斯认为这是源于被他称为"现代伦理"的价值观在文艺复兴后期和巴洛克时代的出现。

这种现代伦理重视个人主义和创造新事物的愿望。这样的价值观取代了反对变革和新进入者的"传统价值观"，以及阻止家庭成员脱离或冒险的"家庭观念"。根据费尔普斯的说法，现代价值观会逐渐催生出能够产生和维持活力（不断创造出新想法，即我们所说的自主创新）的现代经济。这导致了创新的爆发式增长，由此带来了 19 世纪初到 20 世纪 60 年代末的生产率快速提高。劳动生产率以前所未有的每年 3% 左右的高速增长，使得生产率每 20 年左右就翻一番。因此，人们的工资和生活水平有了空前的提高，工作场所也逐渐变成了回报更为丰厚的地方。

20 世纪 70 年代中期以来，西方国家，尤其是欧洲国家，出现了生产率的低水平增长。经济增长黄金时代在欧洲的结束刚好与布雷顿森林体系的崩溃和浮动汇率制度的开始同时发生。汇率波动的加剧和大量资本流动的放开可能对增长率造成了一定影响。其他不受控制的因素还包括社团主义的兴起以及一系列压制性的监管措施造成的企业运营成本高企，如消费者保护、许可要求，以及对长期专利的保护。[5]其中一些监管措施除了其声明的保护某一群体的目的，比如保护消费者免受企业或银行的侵害，还用来为一些特殊利益服务。商业文化也发生了明显变化，只关注红利最大化和寻租的企业短视行为减弱了创新的激励作用。

潜藏在这种政府和公司腐败背后的是价值观的变化，对既得利益的保护被置于创新和冒险之前。社团主义者不赞成不确定和无秩序，而这些是根植于一个充满活力的创新经济之中的。相反，由效率的逐渐提高带来的消费和休闲的稳步上升得到了更多的重视。

在这一章，我们将探讨创新与文化价值观之间的关系。我们也会考虑制度因素，因为它可能在近几十年阻碍了创新和经济增长。

文献综述

我们使用问卷调查数据在总量层面上研究价值观，但我们只有对个人价值观的加总数据。问题是这些主流的态度是否包含了有益于创新的部分。尽管熊彼特的企业家定义有别于我们对于创新者的定义，如前文所述，但他们的个性可能并非完全不同。Schumpeter（1911/1912）将企业家的特质描述为有梦想和意志去创建一个私人王国，通常但不必然也是一个王朝；有征服的意愿和战斗的冲动，以证明自己比别人强，且不是为了成功的果实而是为了成功本身去追求成功。换句话说，财务结果是次要考虑，它主要被当作成功的指标和胜利的征兆。[6] 此外，如熊彼特所说，企业家喜欢建造事物、做好事情，或只是发挥他们的能量和创造性；他们喜欢寻找难题并为了改变而改变。

McClelland（1961）在他的开创性研究中发现，企业家行为可能与个性特征有关，例如对成就的渴望、适度的风险厌恶、对新奇活动的偏好以及对成败承担个人责任的倾向。[7] Brockhaus（1982）将三种品质与企业家行为联系起来：对成就的需要、内在控制源以及冒险倾向。[8] 根据 Sexton and Bowman（1985）的说法，企业家需要自主、独立和支配。[9] Licht and Siegel（2006）认为，获得财富对于企业家来说不及权力、愿景、领导力和独立重要。[10] Cromie（2000）对文献进行了总结，指出企业家具有 7 个有别于常人的特征：对成就的需要、对事件掌控的需要、冒险的倾向、创造力、自主性、对模糊性的容忍以及自信。[11]

社会中的主流价值观也非常重要。已有的很多研究将经济绩效与可能影响创新的主流价值观及相应的态度联系起来。Lynn（1991）对 41 个国家的样本研究发现，对竞争的态度差异有助于解释经济增长的差异。[12] 国民更容易接受竞争的国家具有更高的增长预期。Shane（1993）基于 1975—1980 年 33 个国家的数据考察了个人主义、不确定性规避和男性气质对国家创新率的影响。[13] 他发现高创新率与鼓励接受不确定性的文化价值观最为高度相关，但个人主义也具有一定影响。这些作者的结论是，国家的创新率可能因公民的文化价值观而有所差异。

很多研究证明了信任的重要性。经济学家们很早就已经意识到这个方面。在一篇早期文献中，Banfield（1958）研究了意大利南部的一个贫穷村庄的经济，并将贫困归因于一系列不利于经济绩效的价值观。[14] 人们往往会相信自己的家庭成员但对社区的其他成员缺乏信任。这些研究结果与 Putnam（1993）的发现相关且相似，Putnam（1993）认为意大利北部地区比南部有更好的经济绩效，是因为平均而言北方人拥有更多的社会联系。[15] Knack and Keefer（1997）强调了信任在不完全合同中的重要性，因为它降低了不确定性水平。[16] Tabellini（2010）从囚徒困境的角度讨论了信任的经济意义。[17] 他发现信任提高了匿名市场交易的效率且减少了合同的外部执行的需要。因此，信任在以下方面有助于创新型经济的发展：使新产品和服务的供应商和买家更容易执行不完全合同，减少新成立公司内部的委托代理问题，从而降低与新投资相关的风险。[18] 很多研究证明了问卷调查中报告的公民间信任与人均国民产出和收入存在一定的相关关系。[19]

在与我们相近的研究中，也有针对工作场所中的价值观及相应的态度对经济绩效影响的研究。Phelps（2006）探讨了经济绩效与价值观及相应的态度之间的关系。[20] 他发现在绩效表现更好的经济中，更多人认为工作对自己重要，想要在工作中展示主动性，发现工作是有趣的，接受市场竞争，并且相对于旧想法更喜欢新想法。

Tabellini（2010）使用文化变量来解释欧洲地区人均产出和产出增长的变化。[21] 他使用世界价值观调查中的问题来描述文化的积极方面：一是测量对他人的信任，二是测量对他人的宽容和尊重，三是测量人们对自己人生的掌控感。还有一个负面的文化属性，即父母试图教育孩子服从的程度。他发现这些价值观变量有助于解释欧洲地区间的产出和增长差异。

在另一项研究中，Phelps and Zoega（2009）发现，拥有良好的职业道德、采取主动的能力以及信任他人的能力能够提高工作满意度，并且对失业率和劳动参与率产生影响。[22] 在 Bojilov and Phelps（2012）的相关研究中，作者发现，在更多人认为应该给高产者更高报酬、同意公司的发展方向最好由其所有者决定，以及觉得新想法值得被开发和检验的国家，工作满意度更高。[23] 特别的是，该研究发现"传统"态度处于强势地位的国家经济绩效更差。

在《大繁荣》一书中，费尔普斯讨论了使国家在较大范围实现繁荣的因素以及这种繁荣在今天受到威胁的可能原因。[24] 他将 19 世纪到 20 世纪 60 年代很多国家的创新和繁荣归因于诸如创造的愿望、探索和迎接挑战之类的现代价值观的作用。他认为，正是这些价值观激发了广泛的自主创新所必需的活力，从而创造了"大众的繁荣"，即有意义的工作、自我表现和个人成长。

Arnorsson and Zoega（2016）在欧洲按区域测量了价值观和信念，并将它们与青年失业率和青年劳动参与率联系起来。[25] 社会资本以同胞公民之间的信任以及一套与劳动力市场行为有关的共同价值观来衡量。结果显示，价值观与青年失业率和青年劳动参与率之间具有明显的相关性，在考虑了国家间的制度和经济周期现状差异后，这种相关性依然显著。因此，教育孩子独立、富有想象力和宽容对于价值观具有正向影响，对同胞公民的更高信任具有相似作用。其差异可以解释地区间的失业率、男性劳动参与率和平均工作小时数的差异。

探索数据与实证关系

我们首先对数据进行简要描述，并解释我们要采用的实证方法（此典型相关分析法由哈罗德·霍特林于 20 世纪 30 年代提出，并在其他社会科学中被广泛使用），接着以图表的形式展示我们的结果。[26]

▌数据

在我们的设定中，文化价值观和制度变量构成了一个潜在变量，经济绩效为另一个变量。通过我们的统计方法，我们基于世界价值观调查问题的回答生成了一个单一的文化变量。变量的选择依据是我们在对成功的冰岛创新者采访中发现的价值观（详见第四章），包括人们对同胞公民的信任程度、他们对工作保障的渴望程度、在工作中采取主动或取得成就的能力、向孩子们灌输的价值观（如服从和独立等），以及对待竞争的态度。衡量经济自由度的制度变量来自美国传统基金会。经济绩效的潜在变量是通过计算以下各项的加权平均值，包括自主创新率、引进（或适应）创新率（详见第二章）、工作满意度、就业率（$1-u$）、生育率和男性劳动参与率。我们将生育率作为父母对未来乐观程度的指标纳入变量。各国的相应数据见表 5.1。

我们注意到数据的几个特征。欧洲南部的父母比欧洲北部和美国的父母更热衷于教育孩子服从，而后两者更看重独立。我们还观察到

表 5.1 分析中使用的变量

| | X 价值观 | | | | | | | | 创新 | | Y 经济绩效 | | 其他变量 | |
| | 工作 | | | | 孩子 | | | 制度 | | | | | | |
	信任	工作保障	主动	成就	服从	独立	接受竞争	经济自由度	自主	引进	工作满意度	就业率	生育率	劳动参与率
澳大利亚	46.2	71.4	64.3	57.1	0.4	0.6	28.6	82.2	0.4	0.2	12.5	93.2	1.8	72.6
奥地利	36.8	71.7	45.6	56.7	0.1	0.7	17.5	71.4	0.3	0.3	24.0	95.3	1.4	68.2
比利时	34.6	32.0	35.2	38.5	0.4	0.3	8.1	71.7	0.1	0.1	9.1	92.1	1.7	60.7
加拿大	99.9	50.0	50.0	57.4	1.0	0.0	0.0	80.2	0.4	0.1	0.0	91.9	1.6	72.5
丹麦	76.0	44.3	50.8	57.4	0.1	0.8	12.4	79.2	0.3	0.2	22.5	93.9	1.8	71.0
芬兰	64.7	69.4	46.4	51.5	0.2	0.5	7.0	74.6	0.3	0.4	7.2	89.3	1.8	66.8
法国	27.2	29.4	35.2	46.9	0.3	0.3	8.5	64.7	0.1	0.0	13.0	91.9	1.3	67.3
德国	38.8	78.5	44.5	53.1	0.1	0.7	13.6	70.6	0.1	0.0	13.0	91.9	1.3	67.3
希腊	21.3	55.2	34.2	46.7	0.2	0.4	14.2	60.6	0.0	0.1	11.4	88.6	1.3	63.9

| | X 价值观 | | | | | | | | Y 经济绩效 | | | | | |
| | 信任 | 工作 | | | 孩子 | | | 制度 | 创新 | | | 其他变量 | | |
		工作保障	主动	成就	服从	独立	接受竞争	经济自由度	自主	引进	工作满意度	就业率	生育率	劳动参与率
爱尔兰	38.9	80.6	57.6	70.4	0.6	0.6	19.2	82.5	0.2	0.4	26.1	90.5	2.0	70.0
意大利	30.8	73.9	51.7	67.4	0.3	0.4	17.0	62.6	0.0	0.0	15.8	90.4	1.3	61.6
日本	39.1	0.0	0.0	0.0	1.0	0.8	0.0	73.0	0.0	0.0	0.0	96.0	1.4	74.9
荷兰	61.7	46.1	79.1	63.8	0.3	0.5	5.4	77.4	0.3	0.2	7.4	95.2	1.9	75.8
挪威	75.1	25.0	50.0	25.0	0.2	0.9	25.0	68.6	0.1	0.2	0.0	95.9	1.9	75.8
葡萄牙	17.2	88.7	61.0	74.4	0.3	0.4	9.1	63.9	0.2	0.0	13.5	92.6	1.4	68.8
西班牙	34.3	100.0	33.3	66.7	0.3	0.4	7.9	69.1	0.1	0.1	9.6	83.3	1.3	66.2
瑞典	70.7	100.0	100.0	100.0	0.2	0.6	16.4	70.8	0.6	0.3	14.9	92.7	1.8	69.5
瑞士	55.4	51.7	65.5	64.3	0.1	0.6	12.1	79.5	0.3	0.1	16.9	96.4	1.5	77.3

（续表）

	X										Y				
	价值观							制度	创新		经济绩效			其他变量	
		工作			孩子										
信任	工作保障	主动	成就	服从	独立	接受竞争		经济自由度	自主	引进	工作满意度	就业率	生育率	劳动参与率
英国	40.3	28.6	42.9	28.6	0.4	0.5	20.5	79.4	0.3	0.2	14.9	39.1	1.8	70.3
美国	39.4	67.7	47.3	67.1	0.3	0.5	27.3	81.0	0.65	0.28	22.2	93.4	2.0	73.6

注：创新变量就业率、生育率和男性劳动参与率是 1993—2013 年的平均值，价值观指标来自 2008 年和 2009 年的欧洲价值观研究，经济自由度指标来自 2008 年的美国传统基金会指数。

英国和美国比其他国家（除了挪威）更能接受竞争。北欧和美国的经济自由度也排名较高。美国和瑞典拥有最高的自主创新率。

▌ 典型相关分析

我们使用典型相关分析法来具体描述价值观与创新之间的相关关系。[27] 该方法可以对两个多维变量的互协方差矩阵做出解释。为进行典型相关分析，我们将收集到的观测数据放入两个不同的变量集——X 和 Y，分别代表潜在变量的两个多维分量，以下称为典型变量 X 和 Y。变量 X 是我们的价值观指标，变量 Y 是创新指标。接下来，我们对 X 和 Y 中的变量分配权重（见表 5.2），为两个变量集分别创建两个线性组合 $X*$ 和 $Y*$，以最大化典型变量之间的二元相关性。被称为典型函数的一组线性组合被选中，用于最大化两个潜在典型变量 $X*$ 和 $Y*$ 之间的典型相关关系。与主成分分析法相同，通过这一方法可以确定出其中一些不相关的分量或函数。

第一个函数创建的线性组合使两个潜在变量尽可能相关。然而，可能存在剩余方差无法被第一个典型函数解释。这意味着我们可以找到另一个线性组合以最大化 $X*$ 和 $Y*$ 的相关性，且剩余方差服从新函数必须与之前的函数完全不相关这一约束。由此我们得到另一组 $X*$ 和 $Y*$。第一个函数是最重要的，第二个函数又有另一个线性组合最大化 $X*$ 和 $Y*$ 的相关性，且要求剩余方差服从新函数必须与之前的函数完全不相关这一约束，以此类推。这个过程可以重复多次，直到重复次数等于较小的变量集中的变量个数，或者不再有剩余方差为止。当所有的典型函数被提取完成后，研究者就可以开始对结果进行解释了。[28] 附录一根据 Sherry and Henson（2005）中的一个例子给出了一些重要概念的定义。[29]

表 5.2 报告了我们对 20 个国家的典型相关分析结果。[30] 结果中包含了一个生成典型相关关系的函数。[31] 函数第一列是标准化系数：用于产生使线性组合 X^* 和 Y^* 之间的相关性最大化的变量所附权重。[32] 第二列是结构系数：各观察变量与潜在变量 X^* 和 Y^* 之间的二元相关性。结构系数越大，变量与相应的潜在变量越相关。相关性的符号也很重要。在大多数情况下，标准化系数和结构系数的符号是相同的。在少数符号不同的例子中，我们发现结构系数的符号更有意义。[33] 第三列是结构系数的平方：一个观察变量与一个潜在变量的线性共享方差的比例。最后一列是共同度系数：它将结构系数的平方加总，因而对所有有意义的函数给出了对每个观察变量重要性的评价。

第一个典型相关系数为 0.951，可以在 5% 的水平上拒绝其不存在的假设。如表 5.2 所示，衡量创新引致价值观的潜在变量 X^* 包括信任、采取主动的意愿、在工作中取得成就的愿望、教育孩子独立、接受竞争和经济自由，所有这些因素对创新都有积极贡献，而教育孩子服从则具有负面影响。[34]

结果显示，潜在变量 Y^* 由自主创新、引进创新、工作满意度（理由是假设创新产业会带来更高的工作满意度）、就业率、男性劳动参与率等积极因素构成。[35] 我们还将生育率纳入变量 Y，理由是高生育率表示了对未来的乐观。其中，就业率最不显著，自主创新率最显著。

表 5.2　典型相关分析，1993—2013 年　（单位：%）

变量	标准化系数	结构系数	结构系数平方	共同度系数
输入——有利于或有害于创新的价值观				
信任	-0.103	0.066	0.004	93
工作保障	-0.727	0.426	0.181	90
工作主动	-0.635	0.499	0.249	91
工作成就	1.656	0.593	0.351	96
孩子服从	0.045	-0.292	0.085	99
孩子独立	0.101	0.187	0.0352	97
接受竞争	0.513	0.593	0.352	61
经济自由度	0.567	0.602	0.362	84
输出——结果——收益				
自主创新	0.307	0.725	0.525	100
引进创新	-0.102	0.580	0.336	100
工作满意度	0.711	0.810	0.656	100
就业率	-0.245	0.103	0.011	100
生育率	0.372	0.594	0.353	100
男性劳动参与率	0.267	0.245	0.060	100
典型相关系数		典型相关系数平方		
0.951		0.904		
F 统计量	1.8219			
Prob.>F	0.0351			

图 5.1 显示了价值观和制度的潜在变量 X^* 与创新的潜在变量 Y^* 的估计结果之间的相关关系。其拟合效果从最不具有创新性的日本（有些令人惊讶）到最具创新性的美国，都相当显著。

图中右上角是最具有创新引致价值观和最具创新性的国家，包括美国、爱尔兰、丹麦、瑞典、澳大利亚和瑞士。左下角则是在价值观和创新水平方面都表现最差的国家，包括日本、挪威、希腊、比利时和加拿大。

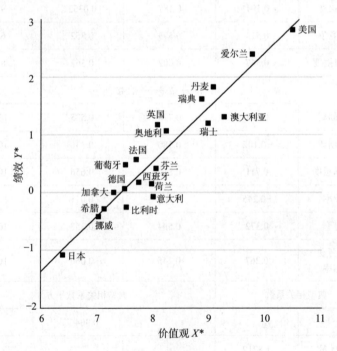

图 5.1 价值观与创新

注：图中画出了表 5.2 中的典型相关关系。

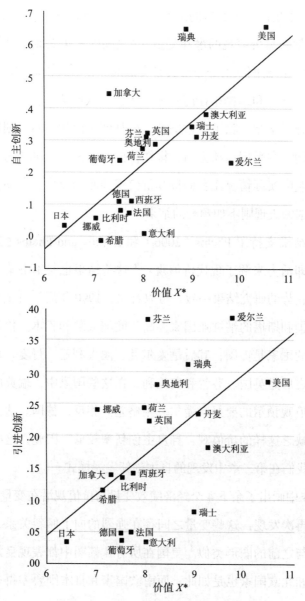

图 5.2　价值观、自主创新与引进创新

图 5.2 中也出现了类似的图形。我们在图 5.2 中分别画出了自主创新和引进创新与价值观的潜在变量 X^* 之间的相关关系。其拟合效果不如图 5.1，但是国家的分布形式是类似的。在引进创新方面，我们发现爱尔兰、芬兰和瑞典排在前几位，而日本、葡萄牙、意大利、德国和法国则处于末尾。除了少数例外，最具创新性和最不具创新性的国家几乎相同。在采用创新方面，排在首位的国家由美国变为爱尔兰和芬兰。芬兰的实际情况比我们按其价值观预测的要好，而瑞士、澳大利亚和美国的表现则不如预测的结果。

这些结果支持了 Phelps（2006）和 Bojilov and Phelps（2012）中的论点，即活力来源于现代价值观。[36] 这些结果也与本书第二章中对自主创新趋势的研究结果一致。可以看出，1990 年后，自主创新率在美国、英国和斯堪的纳维亚国家要高于欧洲大陆和日本。价值观最有利于创新的国家是美国，其后是爱尔兰、澳大利亚、丹麦、瑞典和瑞士，在此之后是英国、芬兰和奥地利。在这些国家中，瑞典的情况似乎比其价值观预示的要好，爱尔兰则略差。相反，德国、法国、意大利和日本缺乏这样的价值观，且自主创新率较低。因此，这些结果有助于解释我们在第二章中发现的自主创新发展模式。

图 5.3 中画出了余下 4 个经济绩效变量与价值观潜在变量的关系。

我们再次发现，这些变量之间存在强烈的向上倾斜关系，并且国家的排列与之前的图形类似。美国在所有 4 幅图中都表现良好，其他英语国家和北欧国家也是如此，而南欧国家和日本则要差得多。日本拥有较高的就业率和男性劳动参与率，但工作满意度和生育率非常低。

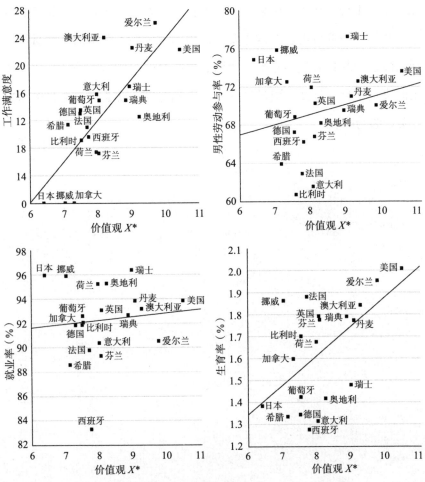

图 5.3 工作满意度、男性劳动参与率、就业率与生育率

结论

我们针对 20 个 OECD 国家研究了价值观、相应的态度指标以及创新的多种指标。有几个变量对创新引致价值观变量具有正向影响，如信任、主动、在工作中取得成就的愿望、教育孩子独立以及接受竞争。此外，经济自由也非常重要。而强调教育孩子服从的变量对价值观的潜在变量具有负向影响，因而它可能会减少创新。经济绩效变量正向决定于自主创新、引进创新、工作满意度、就业率、生育率和男性劳动参与率。

附录一
典型相关：主要概念

- 典型相关系数：给定典型函数中两个潜在变量 $X*$ 和 $Y*$ 之间的相关性。

- 典型相关系数的平方：表示两个潜在变量的共享方差的比例。它指的是两个变量集之间的共享方差的大小。

- 典型函数：由观察变量集得到的标准化系数集。

- 标准化系数：赋予两个变量集中的观察变量的权重，以产生使两个潜在变量之间相关性（即典型相关性）最大化的线性组合。它们之所以是标准化的，是因为有典型函数中的一对典型变量方差相等这一约束条件，$var\left(X_i^*\right) = var\left(Y_i^*\right) = 1 \forall i$，其中 i 表示典型函数的数量。这一条件对于得到系数的唯一值至关重要。

- 结构系数：一个观察变量与一个潜在变量 X 或 Y 之间的二元相关性。它通过估计有哪些观察变量促进了该潜在变量的构建而有助于确定这一潜在变量的结构。

- 结构系数的平方：一个观察变量与一个潜在变量的线性共享方差的比例。

- 共同度系数：由所有被解释的典型函数所解释的每个变量的方差比例。它告诉研究者观察变量对于整个模型的有用性。

附录二
变量描述

变量	指标	具体内容	标号	来源
信任	行百分比	在被问到"一般来说,你认为大部分人是可以信任的,还是在和人打交道时再小心也不为过"时,回答"大部分人是可以信任的"的人	Q7	欧洲价值观研究(2011)
工作保障	行百分比	提到"工作保障是工作的一个重要方面"的人的百分比	Q14	欧洲价值观研究(2011)
工作主动	行百分比	提到"发挥主动性的机会是工作的一个重要方面"的人的百分比	Q14	欧洲价值观研究(2011)
工作成就	行百分比	提到"有成就感是工作的一个重要方面"的人的百分比	Q14	欧洲价值观研究(2011)
孩子服从	行百分比	将服从列为孩子应具有的一个品质的人	Q52	欧洲价值观研究(2011)
孩子独立	行百分比	将独立列为孩子应具有的一个品质的人	Q52	欧洲价值观研究(2011)
孩子想象力	行百分比	将想象力列为孩子应具有的一个品质的人	Q52	欧洲价值观研究(2011)
孩子宽容	行百分比	将宽容列为孩子应具有的一个品质的人	Q52	欧洲价值观研究(2011)
接受竞争	行百分比	完全同意竞争会激励人们努力工作和创造新想法的人		

变量	指标	具体内容	标号	来源
经济自由度		美国传统基金会经济自由度指数的 2008 年数据		
自主创新	百分比	来自第二章		
引进创新	百分比	来自第二章		
工作满意度	行百分比	在 1（不满意）~10（满意）的量表上称自己对工作总体满意（10）的人		欧洲价值观研究（2011）
男性就业率		1991—2013 年均值		世界银行（2017）
生育率		1991—2013 年均值		世界银行（2017）
男性劳动参与率		1991—2013 年均值		世界银行（2017）

第六章
个人价值观、企业家精神与创新

莱彻·博吉洛夫

本章研究了经济文化与经济绩效之间的因果关系。基于 WVS（世界价值观调查）1900—1993 年的数据，我们设计了一个现代主义指数和一个传统主义指数，用一种简单的方式概述了一个社会中与经济生活有关的大部分信念、态度和社会规范。结果显示，现代主义指数与 TFP 的增长以及自主创新和引进创新呈正相关，而传统主义指数与后者之间不具有这样的关系。为了解决内生性和反向因果问题，我们为现代主义指数构建了一个代理变量。通过 GSS（综合社会调查）数据，我们揭示了一个人祖先的原籍对其第一代、第二代、第三代或第四代美国子孙成为成功企业家可能性的影响。我们将估计得到的国家效应作为继承的现代主义的代理变量。结果显示，国家效应与现代主义指数和我们的经济绩效指标（TFP 增长率、自主创新和引进创新）均为正相关。

引言

最新的经济学研究发现，总量层面的社会信任与 GDP 增长之间存在强烈的因果关系（例如，Algan and Cahuc, 2010）。[1]Butler, Giuliano and Guiso（2016）也提供证据表明，个人层面适度水平的社会信任对个人的经济绩效具有正向影响。[2]尽管关于社会信任对经济增长的重要性已经形成了普遍共识，人们对其他经济生活相关的信念、态度和社会规范是否对经济绩效具有因果影响仍存有疑问。[3]本章将在个人和国家层面对这一问题展开研究。

图 6.1 描述了一组发达经济体在 1993—2013 年的 TFP 年均增长率与我们在研究过程中设计的现代主义指数之间的相关关系。如图所示，我们的现代主义指标与经济绩效 TFP 之间具有较强的正相关性。图 6.1 自然无法作为因果关系的一个证据。本章将探讨这一观察到的模式在多大程度上可以通过我们的实证策略的检验。这一实证策略就是为解决内生性和反向因果的一些明显问题而设计的。

首先，我们考虑一组发达经济体与经济生活有关的信念、态度和社会规范的个人层面数据，数据来源于第二轮 WVS。利用这一数据，我们在第二节设计了一个非常简单的现代主义指数和一个传统主义指数。接着，我们来看这组发达经济体的这两个指数与 TFP 年均增长率以及自主创新和引进创新之间的相关关系。结果证实了图 6.1 中观察到的模式：我们发现现代主义指数与生产率增长和创新指标之间存在非常强的正相关。

为了解决一些明显的经济计量问题，我们研究了一个人祖先的原籍对其第一代、第二代、第三代和第四代美国子孙的个人经济绩效会产生怎样的影响。我们特别研究了这一原籍是如何影响他们成为成功企业家的可能性，这里"成功企业家"被定义为创办了雇用 10 人以上的企业的人。接下来，我们将估计得到的国家效应作为现代主义指数的代理变量。结果显示这一国家效应与现代主义指数，以及 TFP 增长率、自主创新和引进创新之间均为正相关。以我们对最严重的反向因果和内生性问题的处理，我们相信这一结果首次为一国的经济绩效，特别是经济创新，与反映该国经济文化的一系列信念、态度和社会规范之间的因果关系提供了证据。

文献综述

本章在两个方面对相关文献做出了贡献。首先，我们尝试在一个经济体的特征与个人的态度和信念之间建立联系。其次，我们关注创新的条件和个人层面的创新倾向。这一区别已在第二章进行了讨论。

在分析个人层面的数据时，我们的研究还与最近在社会信任和个人结果之间建立因果联系的方法论进展密切相关。自 Banfield（1958）、Coleman（1974）和 Putnam（2000）等人的开创性工作以来，信任这一被广泛地定义为家庭范围之外的合作态度的概念，已经被社会科学家看作很多经济和社会结果的一个关键要素。[4] 一些关于移民态度如何作为移民来源国和迁入国的函数而演变的研究，为信任的适应性提供了一种有趣的解释。这些研究表明移民的信念和行为受到其祖先原籍国的影响（Miguel and Jean, 2011）。[5]

个人的信念和态度不是一成不变的。环境会使它们发生变化。但是有一种惯性的系统性特征会在至少一代人甚至几代人身上留下印记。要在信任乃至更一般的文化与经济绩效之间建立因果关系，一种最普遍的策略是寻找使信任产生外生变化的历史事件作为工具变量。为了合理解释对历史事件的使用，文献中会引用价值观传播的理论。Bisin and Verdier（2001）、Guiso, Sapienza, and Zingales（2016）和 Tabellini（2010）的研究强调了两种主要力量的作用。[6] 当前的价值观一部分是由同时期的环境塑造的（价值观的横向传播），另一部分则受到继承自祖先的信念的深刻影响（价值观的纵向传播）。

Algan and Cahuc（2010）提出在标准增长方程中使用继承信任的这种时变性。[7] 由于父母的社会资本可以较好地预测子女的社会资本这一点已有定论，他们使用美国后代从他们在不同时代来自不同国家的移民祖先那里继承的信任来探测来源国的继承信任变化情况。通过对其他时期（如 1920—1950 年）的移民祖先进行同样的检验，他们可以得到继承自来源国和目的国的时变信任指标。利用这些时变继承信任指标，他们可以估计出继承信任的变化对来源国人均收入变化的影响。通过提供一个长期的时变信任指标，他们就能控制遗漏的时不变因子和其他观察到的时变因子，比如经济、政治、文化和社会环境的变化。

现代主义指数与传统主义指数

在这一节，我们将对传统主义和现代主义指数进行描述，这两个概念在 Bojilov and Phelps（2013）中有更大篇幅的讨论。[8] 接下来，我们依据这两个指数简要地回顾不同国家传统主义和现代主义的水平。基于1990—1993年的第二轮WVS，我们为一组OECD发达国家构建了一个传统主义指数。[9]该指数简单地等于对一组问题做出肯定回答的平均比例。我们对每个问题赋予相等的权重，是因为数据的有限性使我们没办法推导出因子，而且在我们看来，相等的权重不会比其他武断地分配相对重要性的方式更糟。

我们在指数中纳入的第一个问题是，"你认为服务和帮助他人在生活中重要吗？"（a007）通过这个问题，我们希望能够确定人们对自己生活在其中的较大社区是否存在一种责任感和承诺感。这与所有主要宗教和传统哲学流派的教义是一致的，同时也反映了古典保守主义的一个关键特征：个人与其在社会所代表的联系网中的人生意义。

我们的问题还包括"孩子应该敬爱他们的父母吗？"（a025）以及"父母应该对他们的孩子负责吗？"（a026）这两个问题反映了一个人在多大程度上是在与社会中其他人的关系背景中被定义的。我们喜欢这些问题，是因为它们唤起了对"现代性在一个预期之外的背景中是什么"这样的基本问题的关注。自罗马帝国末期以来，社会关系常以一种易于理解的类比向非专业人士做出解释：君主与臣民之间的关系就像家长与孩子们的关系一样。这种类比的巨大影响一方面是来自逻辑谬误，另一方面则是由于自铁器时代以来直至现代性诞生的过程中，父权在整个世界所享有的文化优势地位。现代性的出现，与随之而来的工业化、战争以及家庭和社会变革，对所有这些传统角色和认知提出了疑问。我们相信，对社会和家庭中传统角色的怀疑，以及个人与他人关系（即使在家庭内部）的相对性和制约性，都可以通过对问题 a025 和 a026 的否定回答而得到反映。

另一种解释这些问题的方式是探讨对社会秩序理解的变化在多大程度上会影响对家庭关系和角色的理解。在社会背景中，美国《独立宣言》是第一份为推翻旧秩序提供了有力依据的文件：一个违背了对人民应尽义务的政府，同时也就失去了要求人民尊重和服从它的权利。自此之后，这一原则就被无数次提起。然而，同样的契约关系在多大程度上进入了私人领域，尤其是家庭关系？我们希望对问题 a025 和 a026 的回答可以对这个问题有所启示。

最后，我们还考虑了这样一个问题，"无私对孩子来说是一种重要的品质吗？"（a041）这个问题的关注点与前文表述的相同，但是在一个更抽象的背景下提出的。无论有意还是无意，个人利益的重要性一直是现代性的一个中心特征。个人主义无论是对于古典自由主义、从契约关系角度对社会的理解，还是我们所认为的现代性的意义来说，都处于核心位置。这个问题的问法可能会引起争议和被访者的误解。但是我们相信，作为父母，他们最终是更希望自己的孩子在行动上优先考虑他们的公共责任还是个人利益，这是被访者们必须面对的问题。

传统主义是好是坏？我们不认为传统价值观和关注点是过时的或落后的。群体感、社会信任和为他人着想不一定是坏事，而且在很多情况下，这些对经济发展和繁荣可能是非常关键的，正如很多人已经指出的那样。一种假设是，如果这些价值观非常强，它们可能会有碍个人主动性、新技术的应用或新产品的采用。另一种情况下，传统价值观也可能在人们进行经济上的冒险时产生一种共命运的意识，或增强社会资本。以当前一个相关的例子来说，很多人提出，现代中国人较强的职业道德要归功于儒家的传统价值观。我们对传统主义的作用不采取任何立场：我们只是希望从统计上控制传统价值观对经济发展的影响。

我们还构建了一个现代主义指数。这个指数与传统主义指数一样，也等于对第二轮 WVS 中的某些问题做出肯定回答的平均比例。与传统主义的情况相同，样本容量不足以提取因子，所以完全从任意的规律出发，我们假设每个问题对指数贡献相等。我们选取了一组旨在描述被访者对待变化及其结果的态度的问题。我们希望对"你对新事物感到担心吗？"（e045）这一问题的回答能够反映人们对产生新的产品、技术、工艺、道德等过程的态度。也就是说，我们希望它能反映被访者在面对快速变化的现代性世界时的自信程度。"你能接受新想法吗？"（e046）则在于揭示同一现象的另一个侧面：被访者可能会对新事物有所担心，但认为它们是"必要之恶"，或者是现代生活不可缺少的一部分，是令人不快却又不得不接受的现象。最后，"你认为变化会带来新机遇吗？"（e047）则反映了被访者将新发展与有待探索和发掘的新机遇联系在一起的程度。一个人可能不喜欢现代生活中与运气有关的不确定性，可能接受它是必不可少的但相信碰运气这件事本身带来了一系列令人兴奋的机会，或者也可能认为它是必要之恶。

此外，我们还选取了一些为确定被访者对现代世界变化结果的看法而设计的问题。我们希望对待不平等和公平的态度是被访者回答问题的核心，"两名秘书的工作效率不同，向效率更高的人支付更高的工资公平吗？"（c059）也就是说，问题在于公平是被理解为同工同酬还是多劳者多得。与现代性有关的现象不断挑战传统制度，从而导致了反抗现代生活中某些危害的社团主义行为。企业治理问题成为由此产生的争论核心：所有者是应该控制其企业的管理，还是应该与参与生产过程的其他各方，比如工人和政府监管者协商？我们希望通过以下问题至少能抓住其中的一些要点，"你同意所有者应该管理他们的企业吗？"（c060）最后，我们还在指数中考虑了这个问题，"你同意竞争是好事吗？"（e039）它体现了个人对现代经济生活的另一个决定性特征的态度。更具有社团主义或传统主义倾向的被访者会对竞争的优点表示怀疑。事实上，相关学派指出，竞争往往可能会引发人员的重新安置以及破坏存在多时的社会环境和社会群体，从而削减社会福利。另有观点认为，竞争可能会摧毁掉旧的事物，但同时把人们解放出来去实现他们真正的潜力，通过众所周知的"看不见的手"的作用，竞争确保了人们通过"好好做事"来"做好事"。

我们在表 6.1 中分国别报告了两个指数。各国现代主义指数的均值是 0.58。其中最高值的国家是美国、丹麦、爱尔兰和加拿大，分别为 0.62、0.62、0.63 和 0.66；最低值的国家是日本、西班牙和法国，分别为 0.47、0.52 和 0.52。仔细观察表格中的数据，我们发现斯堪的纳维亚和盎格鲁—撒克逊国家，或者更普遍地说北欧国家，从该指数看具有更高的现代主义水平。然而，南欧的情况则要复杂得多。相比北欧，它们的现代主义水平平均较低，但意大利的水平与英国相当，与德国和丹麦也几乎相同。那么，我们要如何解释意大利和北欧的经济绩效差异？传统主义指数也许可以给出一个可能的理由。

表 6.1 现代主义指数与传统主义指数

国家	现代主义	传统主义
奥地利	0.60	0.57
比利时	0.54	0.40
加拿大	0.66	0.50
丹麦	0.62	0.50
芬兰	0.61	0.52
法国	0.52	0.51
德国	0.59	0.56
爱尔兰	0.63	0.61
意大利	0.58	0.53
日本	0.47	0.61
荷兰	0.62	0.57
挪威	0.57	0.55
葡萄牙	0.56	0.86
西班牙	0.52	0.70
瑞典	0.58	0.65
英国	0.58	0.47
美国	0.62	0.37

数据来源：Bojilov and Phelps（2013）。

传统主义指数的均值是 0.51。传统主义水平最高的三个国家是葡萄牙、西班牙和瑞典，分别为 0.86、0.70 和 0.65；最低的三个国家是美国、比利时和英国，分别为 0.37、0.40 和 0.47。美国的水平略低于丹麦和加拿大。与现代主义的情况相同，欧洲在传统主义水平较低的北方和较高的南方之间似乎隐约存在着某种分裂。回到意大利的例子，我们看到意大利的传统主义指数处于 0.53 的较高水平。

我们在现代主义指数和传统主义指数之间发现了 0.58 的较强负相关性。这一结果符合我们的预期，即现代主义水平的提高与传统主义水平的下降有关。然而，我们在设计这两个指数时并未通过某种理论限制把这样的关系强加到数据上。因此，因为与我们基于先前的经济学和其他社会科学研究的预见相符，这种负相关性再次得到证实。

TFP、自主创新与引进创新

为了获得本章的创新总量指标，我们重新估计了第二章中的模型，但只使用佩恩表 1950—2013 年的 TFP 数据。按照新的模型设定得到的结果与第二章二战后的报告结果一致。我们进行这个检验是为了将我们的研究范围扩大到 17 个发达国家：奥地利、比利时、加拿大、丹麦、芬兰、法国、德国、爱尔兰、意大利、日本、荷兰、挪威、葡萄牙、西班牙、瑞典、英国和美国。

第二章较为详细地讨论了将 TFP 增长序列分解为自主创新和引进创新的具体方法。在此我们简要地回顾一下原始 TFP 序列数据以及自主创新和引进创新在 1993—2013 年，也就是第二轮 WVS 之后 20 年的年均增长率。

表 6.2 集中显示了自主创新和引进创新的最新趋势。如图所示，美国和瑞典仍然是自主创新率最高的国家，之后是加拿大和英国。有趣的是，尽管美国的自主创新率在过去 20 年要高于 20 世纪七八十年代，但仍低于其 1972 年之前的水平。类似地，英国只经历了自主创新率的部分复苏。与此同时，欧洲大陆的自主创新率和引进创新率在 20 世纪 90 年代之后则彻底处于停滞状态。

表 6.2　累积自主创新与累积引进创新的估计值（1993—2013 年）

国家	自主创新	引进创新	$\widehat{\Delta TFP}$	ΔTFP
奥地利	0.29	0.28	0.57	0.42
比利时	0.06	0.11	0.17	0.04
加拿大	0.44	0.14	0.58	0.36
丹麦	0.31	0.23	0.54	0.61
芬兰	0.31	0.38	0.69	0.86
法国	0.07	0.05	0.12	0.03
德国	0.11	0.05	0.16	0.03
爱尔兰	0.23	0.38	0.61	0.6
意大利	0.01	0.03	0.04	0.05
日本	0.03	0.03	0.07	0.03
荷兰	0.27	0.24	0.51	0.41

国家	自主创新	引进创新	$\widehat{\Delta TFP}$	ΔTFP
挪威	0.06	0.24	0.3	0.17
葡萄牙	0.26	0.03	0.29	0.2
西班牙	0.11	0.14	0.25	0.08
瑞典	0.65	0.31	0.96	0.97
英国	0.32	0.22	0.55	0.63
美国	0.65	0.28	0.94	0.97

注：第一列报告了自主创新的预测序列，第二列报告了预测的引进创新对 TFP 增长的贡献，第三列是前两列之和，最后一列是实际的 TFP 序列。

创新与继承信念

我们假设 c 国 t 代（25 年）的自主创新 Y_{ct} 是现代主义指数 M_{ct}、控制变量 X_{ct} 以及时间和国家固定效应的函数：

$$Y_{ct} = \alpha_0 + \alpha_1 M_{ct} + X_{ct}\alpha + F_c + F_t + \varepsilon_{ct}$$

现代主义指数本身是继承的现代主义、控制变量和固定效应的函数：

$$M_{ct} = \beta_0 + \beta_1 M_{ct-1} + Z_{ct}\beta + \Phi_c + \Phi_t + \varepsilon_{ct}$$

在这一背景下，有两个主要的计量经济学问题需要考虑。第一个是 M_{ct-1} 没有 20 世纪 80 年代以前的观察值。因此，我们从一个在美国成为企业家概率的面板数据 probit 模型中得到一个人祖先原籍国的时不变效应，作为继承现代主义的代理变量。第二个问题是继承的现代主义和经济绩效可能由一个公共因子共同决定。因此，我们考虑 1945—1970 年出生的第二代、第三代和第四代美国人并关注 1990 年之后的经济绩效。这些美国人的祖先在两次世界大战之间、一战前或 19 世纪移民美国。这样就不太可能出现一个公共因子同时影响 IT 革命时期的创新和 70 多年前形成的继承信念的情况。

这一策略可以解决上文所说的一些识别问题。首先，通过使用美国移民从祖先原籍国继承的信念来代替该国目前居民的平均信任水平，我们可以排除反向因果问题。我们有充分的理由认为，一个人祖先原籍国的信念演变取决于该国发生了什么而不是美国发生了什么。类似地，美国移民后裔的信念和态度演变只会受到美国经济冲击的影响。此外，这个分析框架意味着我们关于继承信念的直接指标可以作为文化的工具变量。

我们使用 GSS 的数据估计了美国移民从他们祖国继承的信念。在个人层面对 GSS 访谈时期创办了雇用 10 人以上的企业和拥有高收入概率的 probit 回归中，我们控制了出生时的个人特征，将继承信念作为祖先原籍国固定效应进行了测量。我们关注 1945—1970 年出生的一代人从 1945 年之前继承的信任水平，考虑了在 GSS 访谈时期的两个独立结果：成立一家雇用 10 人以上的企业并自雇为经理，以及拥有高收入的概率。为控制反向因果和内生性问题，我们只将被访者在出生时所具有的特征作为解释变量，比如父母受教育水平、父母职业、父母宗教信仰、兄弟姐妹数量以及祖先原籍国。

结果列于表 6.3 中。接下来对实证结果的讨论集中在我们分析的焦点：回归中的国家效应。回归的参照类别为原籍东欧或波兰。我们发现相对东欧和波兰，祖先来自澳大利亚、中国和墨西哥对成为雇用 10 人以上的企业家的概率具有相似的影响。唯一对美国后代的创业活动具有较大负向影响的祖先原籍国是西班牙。对美国未来几代人的创业活动有最大正向影响的三个祖先原籍国是英国、丹麦和瑞典。日本和挪威的系数也较高且为正，但对它们的估计并不准确，可能是因为这些国家的后代人数较少。我们还在回归中加入了一个美国虚拟变量，代表祖先在美国生活了至少 4 代的个人，该变量系数为正且高度显著。

表 6.3　成为企业家和拥有高收入概率的国家效应估计值

国家	企业家，大型		高收入 / 系数	
	系数	z	系数	z
奥地利	0.019	0.09	0.115	0.98
加拿大	0.360	2.25	0.009	0.08
中国	0.055	0.15	0.139	0.64
丹麦	0.633	2.37	0.044	0.46
芬兰	0.190	3.73	0.087	0.72
法国	0.187	1.92	0.014	0.22

国家	企业家，大型		高收入 / 系数	
	系数	z	系数	z
德国	0.153	2.31	0.042	1.61
爱尔兰	0.081	−1.41	0.097	3.32
意大利	0.050	0.64	0.046	1.11
日本	0.490	1.91	0.512	2.86
墨西哥	0.024	0.19	0.002	0.04
挪威	0.537	1.45	0.143	2.30
西班牙	0.103	−3.49	0.057	0.58
瑞典	0.795	2.70	0.193	3.04
英国	0.312	2.60	0.158	5.51
美国（第四代）	0.682	2.01	0.274	15.34

注：数据来自本章报告的估计值。

我们的第二个模型设定涉及对 GSS 访谈时期拥有高收入概率的估计，仍然以出生时可获得的信息为条件。与之前相同，我们考虑一个 probit 估计框架。结果显示，祖先来自奥地利、加拿大、中国、丹麦、芬兰、法国和墨西哥的人与东欧祖先的人拥有高收入的可能性基本相同。对美国后代的收入前景具有正向影响的国家只有美国本身、英国、瑞典和日本。

创新与现代主义

我们终于准备好处理创新与现代主义之间关系的关键问题了。图 6.1 描述了基于 1990—1993 年第二轮 WVS 的现代主义指数与 1993—2013 年 TFP 年均增长之间的相关关系。如本章引言部分所述，我们在两者之间发现了较强的正相关性，拟合优度等于 0.33。

接下来，图 6.2 基于第二轮 WVS 的相同数据考察了传统主义指数与 1993—2013 年 TFP 年均增长的相关关系。线性预测的斜率为负，但不显著。事实上，随便看一下这个散点图就能确定数据中不存在可识别的模式。

为了考察创新与现代主义价值观之间的相关关系，我们在图 6.3 中描述了现代主义指数与 1993—2013 年的年自主创新率估计值之间的相关性，结果显示二者之间存在密切的正相关关系。图 6.5 显示了现代主义指数与引进创新之间类似的正相关性。同时，图 6.4 和图 6.6 表明，传统主义指数与自主创新和引进创新均不相关。因此，现代主义和传统主义对自主创新的影响似乎与我们之前发现的现代主义、传统主义与 TFP 增长之间的关系非常相似。

我们发现现代主义与采用国外创新之间也存在着正相关关系，但这次估计的准确性稍差。与前文相同，结果没有提供任何证据表明传统主义具有正向或负向的显著影响。这些图形共同表明了现代主义与产生自主创新和采用国外已有创新的能力之间具有较强的相关性。

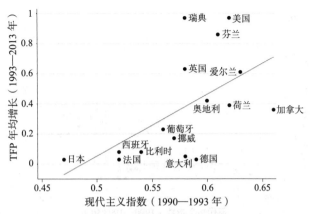

图 6.1 现代主义指数（1990—1993 年）与 TFP 年均增长（1993—2013 年）的相关关系

注：数据来自本章报告的估计值。样本中包括以下国家：奥地利、比利时、加拿大、丹麦、芬兰、法国、德国、爱尔兰、意大利、日本、荷兰、挪威、葡萄牙、西班牙、瑞典、英国和美国。丹麦和爱尔兰的观察值非常相似，为了显示清晰，我们在图中省略了丹麦的观察值。

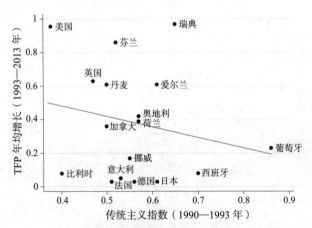

图 6.2 传统主义指数（1990—1993 年）与 TFP 年均增长（1993—2013 年）的相关关系

注：数据来自本章报告的估计值。样本中包括以下国家：奥地利、比利时、加拿大、丹麦、芬兰、法国、德国、爱尔兰、意大利、日本、荷兰、挪威、葡萄牙、西班牙、瑞典、英国和美国。

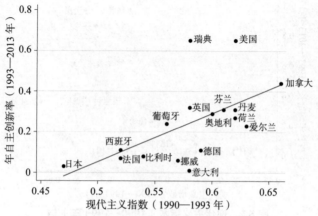

图 6.3　现代主义指数（1990—1993 年）与年自主创新率（1993—2013 年）的相关关系

注：数据来自本章报告的估计值。样本中包括以下国家：奥地利、比利时、加拿大、丹麦、芬兰、法国、德国、爱尔兰、意大利、日本、荷兰、挪威、葡萄牙、西班牙、瑞典、英国和美国。

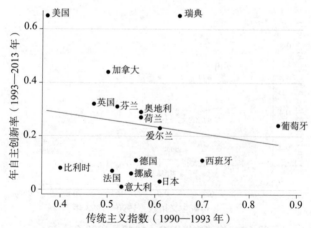

图 6.4　传统主义指数（1990—1993 年）与年自主创新率（1993—2013 年）的相关关系

注：数据来自本章报告的估计值。样本中包括以下国家：奥地利、比利时、加拿大、丹麦、芬兰、法国、德国、爱尔兰、意大利、日本、荷兰、挪威、葡萄牙、西班牙、瑞典、英国和美国。丹麦和芬兰的观察值非常相似，为了显示清晰，我们在图中省略了丹麦的观察值。

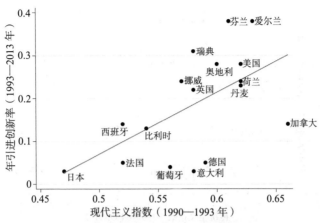

图 6.5　现代主义指数（1990—1993 年）与年引进创新率（1993—2013 年）的相关关系

注：数据来自本章报告的估计值。样本中包括以下国家：奥地利、比利时、加拿大、丹麦、芬兰、法国、德国、爱尔兰、意大利、日本、荷兰、挪威、葡萄牙、西班牙、瑞典、英国和美国。

　　图 6.3 表明了总量结果（如 TFP、引进或自主创新）以及与现代主义有关的价值观的传播范围和强度之间存在较强的正相关性。然而，基于我们在上一节用较大篇幅讨论的内生性和反向因果问题，这样的相关性并不能说明二者之间具有因果关系。

　　因此，我们使用表 6.3 中的估计效应作为现代主义的代理变量。这里的识别假设是国家效应反映了一个人从祖先那里继承的信念对其创业活动的累积效应。这样，它们就会至少部分与 GSS 被访者的祖先原籍国的现代主义指数相关。

　　图 6.7 考察了现代主义指数与上一节中的国家效应估计值之间的相关关系。如图所示，二者之间存在显著的正相关性。

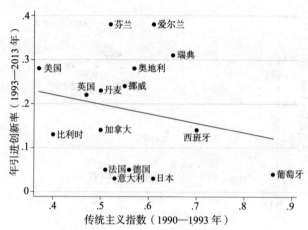

**图 6.6　传统主义指数（1990—1993 年）与
年引进创新率（1993—2013 年）的相关关系**

注：数据来自本章报告的估计值。样本中包括以下国家：奥地利、比利时、加拿大、丹麦、芬兰、法国、德国、爱尔兰、意大利、日本、荷兰、挪威、葡萄牙、西班牙、瑞典、英国和美国。荷兰和挪威的观察值非常相似，为了显示清晰，我们在图中省略了荷兰的观察值。

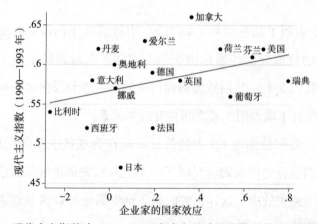

图 6.7　现代主义指数（1990—1993 年）与国家效应估计值之间的相关关系

注：数据来自本章报告的估计值。样本中包括以下国家：奥地利、比利时、加拿大、丹麦、芬兰、法国、德国、爱尔兰、意大利、日本、荷兰、挪威、葡萄牙、西班牙、瑞典、英国和美国。

同时，图 6.8 显示了国家效应与传统主义指数之间没有显著的相关性。此外，我们注意到美国人从他们的祖先那里继承的信念不太可能对其祖先原籍国的生产率或创新具有直接影响。因此，我们得出结论，国家效应的估计值满足了作为现代主义代理变量的基本要求。

现在，我们终于可以考察作为现代主义代理变量的国家效应估计值与 1993—2013 年的 TFP 年均增长率之间的相关关系。图 6.9 表明二者之间存在较强的正相关性。线性回归中国家效应的点估计值是 0.76，且其在 5% 的显著性水平上统计显著，总的拟合优度在 0.48 左右。以我们的实证策略对基本的内生性和反向因果问题的处理，我们得出结论：这些结果对现代主义文化价值观（如个人主义、成就驱动和探索欲望）对以 TFP 衡量的创新总量具有因果影响的假设提供了支持。

最后，我们将考察国家效应估计值与我们的自主创新和引进创新指标之间的相关关系。图 6.10 描述了国家效应与 1993—2013 年的年自主创新的相关性。我们再次发现，这两者之间存在较强正相关性。年自主创新对国家效应的线性回归的斜率系数估计为 0.48，且在 5% 的显著性水平上统计显著，总的拟合优度约为 0.58。

图 6.11 显示了引进创新与估计的国家效应之间也存在正相关关系。事实上，我们可以在 10% 的显著性水平上拒绝相关回归的斜率系数为 0 的假设，但无法在 5% 的显著性水平上拒绝该假设。

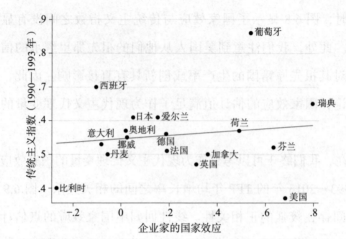

图 6.8　传统主义指数（1990—1993 年）与国家效应估计值之间的相关关系

注：数据来自本章报告的估计值。样本中包括以下国家：奥地利、比利时、加拿大、丹麦、芬兰、法国、德国、爱尔兰、意大利、日本、荷兰、挪威、葡萄牙、西班牙、瑞典、英国和美国。

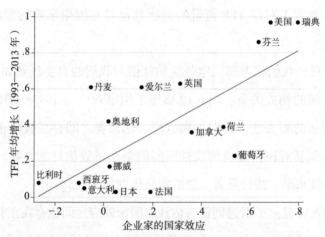

图 6.9　TFP 年均增长（1993—2013 年）与国家效应估计值之间的相关关系

注：数据来自本章报告的估计值。样本中包括以下国家：奥地利、比利时、加拿大、丹麦、芬兰、法国、德国、爱尔兰、意大利、日本、荷兰、挪威、葡萄牙、西班牙、瑞典、英国和美国。法国和德国的观察值非常相似，为了显示清晰，我们在图中省略了德国的观察值。

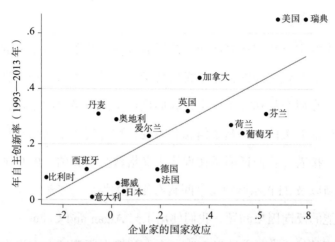

图 6.10　年自主创新率（1993—2013 年）与国家效应估计值之间的相关关系

注：数据来自本章报告的估计值。样本中包括以下国家：奥地利、比利时、加拿大、丹麦、芬兰、法国、德国、爱尔兰、意大利、日本、荷兰、挪威、葡萄牙、西班牙、瑞典、英国和美国。

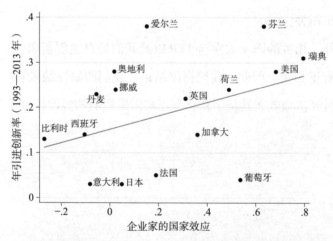

图 6.11　年引进创新率（1993—2013 年）与国家效应估计值之间的相关关系

注：数据来自本章报告的估计值。样本中包括以下国家：奥地利、比利时、加拿大、丹麦、芬兰、法国、德国、爱尔兰、意大利、日本、荷兰、挪威、葡萄牙、西班牙、瑞典、英国和美国。法国和德国的观察值非常相似，为了显示清晰，我们在图中省了德国的观察值。

结论

在本章中，我们从总体和个体层面考察了关于经济生活的信念和态度与经济绩效之间的关系。我们特别关注了生产率增长与创新的关键问题。在研究的初步工作中，我们设计了两个简单的指数，概括了与经济生活有关的一些基本信念和态度，称为现代主义指数和传统主义指数。接着，我们证明了在现代主义指数与前文估计的自主创新和引进创新以及 TFP 原始数据之间具有正相关性。为了解决明显的内生性和可能的反向因果问题，我们使用了与 Algan and Cahuc（2010）类似的实证策略。[10] 研究结果表明一个人的祖先原籍国会在祖先移民很长时间后依然对其成为企业家和拥有高收入的可能性具有显著影响。我们证明了这种祖先原籍国效应与各国以现代主义指数表示的当前价值观呈正相关。

此外，相关的国家效应与 TFP 以及我们的自主创新和引进创新指标也具有正相关。因此，我们得出结论：我们的研究结果对广泛的经济文化对经济绩效尤其是创新具有正向因果影响的假设提供了支持。

第七章
创新、工作满意度与西欧国家的经济绩效

吉尔维·索伊加

我们以 16 个西欧国家为样本研究了低创新率的后果。我们特别研究了这种低工作满意度与男性劳动市场参与率的关系。在整个研究期间，欧盟的工作满意度与男性劳动参与率都是下降的。我们的结论是，在很多欧洲国家，低创新水平可能对工作满意度和幸福感产生不利影响。

引言

在本书的前几章，我们看到了自主创新在整个西方世界的下降。并且，总体较差的经济绩效，如增长缓慢、工作满意度和男性劳动参与率低，被证明与价值观及相应的态度有关，如缺乏社会信任、教育孩子顺从而非独立和宽容、不想在工作中有所成就、不接受竞争和不享受经济自由。在本章中，我们将探讨 16 个西欧国家样本较差的经济绩效带来的后果。经济绩效以创新、工作满意度和男性劳动参与率来衡量。

工作满意度与劳动参与率（1981—2008 年）

经济活动的最终目标一定是让人们在工作中获得满足感并且在职业和私人生活兴盛的意义上感到幸福。在前几章，我们测量了自主创新率并展示了制度与自主创新之间的关系。OECD 国家的截面结果显示了创新在 20 世纪 70 年代的减缓以及价值观对自主创新及传播创新率的作用。在本章中，我们将研究有哪些欧洲国家在工作满意度、劳动参与率和总体的生活幸福感上表现最好。

表 7.1 展示了欧洲价值观研究中声称对工作满意的回答者比例，他们被要求在 1~10 量表中给自己的满意度打分，其中 1 代表"不满意"，10 代表"满意"，中间的数字表示居中的满意度水平。前 4 列显示了选择 10（即"满意"）的比例，之后 4 列显示了选择 8 或以上数字的比例。最后 3 列显示了我们在第二章对 1991—2013 年创新率均值的估计，包括自主创新率、传播创新率和实际的 TFP 增长。

从表中可以观察到几种数据模式。首先，很多国家自 1981 年以来工作满意度都是下降的，如图 7.1 所示。图 7.1 显示了 1981 年和 2008 年的工作满意度水平。其次，北欧国家、爱尔兰、瑞士和英国的工作满意度要高于很多欧洲大陆经济体，如比利时、荷兰和西班牙。最后，工作满意度在 1981—2008 年似乎有所收敛。1981 年工人最满意的国家在此之后工作满意度下降得最多。

表 7.1　工作满意度与创新

	工作满意度，比例"满意"（10）				工作满意度，比例选择 8~10				创新（1991—2013 年）		
	1981 年	1990 年	1999 年	2008 年	1981 年	1990 年	1999 年	2008 年	自主	传播	实际 TFP
比利时	15.2	19.3	12.4	9.0	59.7	64.2	53.0	65.5	0.08	0.13	0.08
丹麦	36.5	26.1	20.6	23.0	74.9	75.5	69.5	72.4	0.31	0.23	0.61
芬兰	—	12.0	7.1	7.5	—	61.0	57.4	63.0	0.31	0.38	0.86
法国	9.5	8.2	7.4	11.0	42.1	40.1	43.0	53.1	0.07	0.05	0.03
德国	9.4	7.2	12.5	12.5	48.9	46.9	55.5	59.4	0.11	0.05	0.03
爱尔兰	24.0	25.0	26.5	24.9	68.2	64.2	59.0	70.5	0.23	0.38	0.61
意大利	21.6	14.6	14.1	15.9	55.3	53.0	49.8	52.3	0.01	0.03	0.05
荷兰	16.9	9.6	4.4	7.1	65.0	68.0	58.9	65.6	0.27	0.24	0.39
挪威	31.6	21.2	—	18.8	75.3	66.5	—	69.5	0.06	0.24	0.17
西班牙	16.6	12.7	12.0	9.7	46.2	45.2	48.9	49.5	0.11	0.14	0.08
瑞典	20.7	21.0	7.5	14.4	69.9	71.6	52.2	62.6	0.65	0.31	0.97
瑞士	—	—	—	16.9	—	—	—	76.2	0.34	0.08	0.20
英国	22.8	18.4	10.3	15.9	63.6	55.9	48.3	59.9	0.32	0.22	0.63

数据来源：欧洲价值观研究（https://europeanvaluesstudy.eu/）。

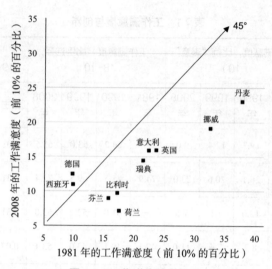

图 7.1　工作满意度的下降

注：图中显示了在欧洲价值观研究中声称对工作满意的回答者比例在 1981 年和 2008 年的对比。向上倾斜的是 45° 线。

数据来源：欧洲价值观研究。

当表 7.1 中第 5—8 列加总了选择 8 或以上数字的比例，结果发生了变化，工作满意度并没有再现同样的下降情况。由此可知，国家间差异主要存在于声称完全满意（即选择 10）的人之间。

接下来看男性劳动参与率。图 7.2 显示了 1984—2014 年的数值变化。注意除了荷兰和德国，所有国家的男性劳动参与率都出现了下降。我们同时将美国放入图中进行对比，发现美国的情况并未好于欧洲国家。

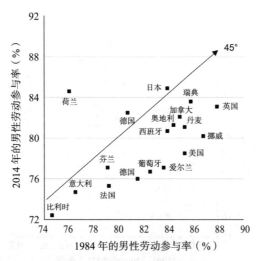

图 7.2 男性劳动参与率的下降

注：向上倾斜的是 45°线。

创新与测量的幸福感

创新率可能会同时影响工作满意度和男性劳动参与率。在图 7.3 中，我们使用 WVS 数据证明，在 2005—2008 年认为自己非常幸福的人口比例与第二章中估计的自主创新率是正相关的。注意相对之前用于观察工作满意度的欧洲国家组，我们在图中新加入了一些非欧洲国家——澳大利亚、加拿大、美国和日本。

表 7.2 列出了一个 14*4 向量的主成分，该向量衡量了声称"非常幸福"的回答者比例、自主创新、从国外传播的创新和 TFP 增长。[1] 第一个主成分解释了 73% 的矩阵变异，且它的特征向量对 4 个变量均赋予了正的权重。第二个主成分解释了 18% 的变异，它对自主创新和幸福感赋予了正的权重，但对传播创新赋予了负的权重。

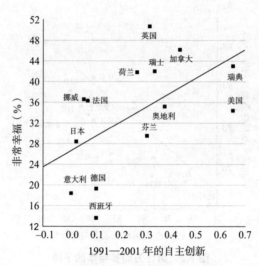

图 7.3　"非常幸福"的比例和自主创新率

注：图中显示了在 2005—2008 年 WVS 中声称"非常幸福"的比例与 1991—2001 年的年均自主创新率。

数据来源：WVS。

表 7.2　主成分分析

序号	特征值	差值	贡献率	累积特征值	累积贡献率
1	2.91	2.20	0.73	2.91	0.73
2	0.72	0.39	0.18	3.63	0.91
3	0.33	0.28	0.08	3.96	0.99
4	0.04	—	0.01	4.00	1.00
特征向量（载荷）					
变量	PC1	PC2	PC3	PC4	
自主创新	0.53	0.05	−0.70	0.47	

序号	特征值	差值	贡献率	累积特征值	累积贡献率
传播创新	0.50	−0.42	0.63	0.41	
TFP	0.56	−0.27	−0.11	−0.78	
非常幸福	0.38	0.87	0.31	−0.06	

注：经调整共包含14项观察值。平衡样本（缺失值列表删除）。使用普通相关法计算。

我们可以将主成分作为衡量经济绩效的一个指标。高值表示创新率和生产率增长较高，并且有较大比例的人口感到"非常幸福"（参见图 7.4）。

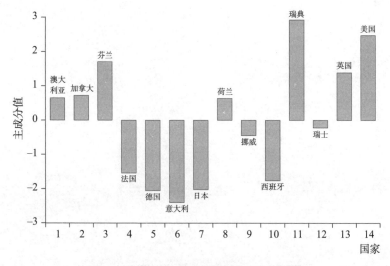

图 7.4　以主成分衡量的创新和工作满意度

如图所示，英语国家（澳大利亚、加拿大、英国和美国）、芬兰、瑞典、荷兰与其他欧洲大陆经济体之间有着明显差别，前者的表现要好于后者。

结论

我们发现低水平的自主创新伴随着较低且下降的工作满意度、男性劳动参与率以及测量的幸福感。在一个同时包含了非欧洲国家的样本中，我们发现，以自主创新及传播创新率、TFP 和声称自己"非常幸福"的比例来衡量，很多欧洲大陆国家的经济绩效要低于美国、英国、瑞典、荷兰、澳大利亚、加拿大和芬兰。

03

第三部分
机器人的两种应用

云天德

第八章
增加型及增倍型机器人与传统机器的增长效应

　　在一个无限生存的单一部门总量模型中，用于工资的资本具有适应性，我们研究在该模型中引入两种不同类型的机器人（增加型和增倍型）的效应。这两种极端情况的工资效应是截然不同的。给定适应性资本既可以被改造成传统机器，也可以改造成机器人，我们证明了即使总的适应性资本在不断积累，但当企业在生产流程中采用这种机器人有利可图时，真实工资会受此影响而下降，并保持在一个永久性的低位。然而，当增倍型机器人被采用时，我们发现尽管其对真实工资的直接影响是不确定的，真实工资依然存在向上的增长趋势，即使不存在稳定的技术进步。

引言
　　本书在导论部分引用了马歇尔的话，他认为具有进取态度的工作者越来越多地从乏味和枯燥的工作转向了需要动用脑力的工作。尽管如此，他在其著作《产业经济学要素》的第三章《经济学的范围》中指出："从事商业工作最稳定的动机是对报酬，即工作的物质回报的渴望。"[1]

在本章和后面两章，我们将讨论在标准增长模型中，由人工智能和机器学习支持的机器人的出现，会对工人的工资带来怎样的影响。我们在本章首先得到了一个严峻的结果（资本具有适应性），即采用增加型机器人将导致真实工资的永久性下降，以及劳动在国民收入中份额的不断减少。这种机器人可以完全替代工人的严峻情形在Samuelson（1988）中也有所涉及，但是在流动资本的古典模型背景下，他写道："现在让我们发明一种机器人，它可以持续一个时期并正好能承担一个人的工作。"[2]然而，我们（在本章和后两章）使用标准增长模型的进一步分析表明，至少有3种其他渠道可以使采用机器人对工资增长产生更积极的结果。本章将要考察的第一种渠道是引入能增进人类劳动生产率的增倍型机器人。我们发现，即使不存在技术进步，增倍型机器人的采用也为工资带来了向上的增长趋势。第九章讨论的第二种渠道是通过刺激对调整缓慢的非适应性资本（如厂房和实体建筑）的投资来补充人类和机器人劳动力。我们发现，这样的互补性投资会对工资水平产生一个向上的拉动作用。第十章讨论的第三种渠道是通过刺激消费品部门的创新，因为在资本品部门采用增加型机器人会压低资本品的相对价格。我们发现，通过使经济中的一些工作者从参与生产转向参与创新活动，新的工资路径最终一定会上升。

根据国际机器人联合会 2016 年的预测，到 2019 年将有超过 140

万个新的工业机器人被安装在全世界的工厂。[3] 这是基于到 2016 年底预计新安装 29 万个工业机器人且 2017—2019 年年均增长 13% 而得到的结果。[4] 给定这一预测结果，机器人技术的广泛采用可能会对真实工资产生什么影响，它的长期效应又如何呢？

经济增长的研究浪潮始于 Solow（1956）和 Swan（1956）在 20 世纪 50 年代的研究，并一直持续到 60 年代，以 Phelps（1966）的经济增长黄金律和 Uzawa（1964）的两部门增长模型为代表。这些研究为理解国民收入和工资在所谓的"第二次机器时代"（参见 Brynjolfsson and McAfee, 2014）之前的增长提供了主要模型。[5] 因此，早期研究没有回答一个关键的问题：如果对机器人进行采用和调配以将它们的"劳动"或"工作"有效地增加到已雇用的劳动力上，那么收入、生产率和工资的增长将会发生怎样的变化？

关于自动化、机器人技术和人工智能对工作和工资影响的已有研究主要是从基于任务的角度来实证检验这一净影响的正负符号。这种基于任务的框架是在 Acemoglu and Restrepo (2018) 中发展完善的。[6] 实证结果并不一致。Graetz and Michaels（2015；2017 更新）对 1993—2007 年 17 个国家在工业中采用机器人的面板数据进行了分析。[7] 他们发现机器人使用的增加对年均劳动生产率增长贡献了约 0.37 个百分点，同时提高了 TFP 和工资。Acemoglu and Restrepo（2017）研究了工业机器人使用在 1990—2007 年的增长对美国本地劳动力市场的影响。[8] 他们估计每千名工人增加一个机器人将使就业人口比率减少 0.18%~0.34%，使工资减少 0.25%~0.5%。

这种不一致的实证结果说明了有相反的力量在起作用，我们的理论研究试图厘清机器人化在经济增长主要模型中的不同作用渠道。尽管关于自动化和机器人技术影响的已有研究采用了一种基于任务的方法，并且我们同意这一方法得出了有益的见解，比如对 Goos, Manning, and Salomons（2014）强调的工作极化提供了启示，但是我们相信，在标准的、我们更熟悉的单一部门总量增长模型中进行分析同样也是必要的。[9]这样清楚透彻的分析可以增强我们理解机器人技术如何影响工资的信心。

蒸汽机、电力和微处理器的发明通过在经济中大范围的广泛运用创造了增长机会。机器人技术的发展——人工智能支持的机器人的设计、制造和运行具有刺激增长的潜力，尽管它似乎会导致工资的下降。自第一次工业革命以来，固定资本在产出品的生产过程中一直扮演着核心角色。在 Solow（1956）和 Swan（1956）正式的新古典单部门模型中，固定资本作为传统机器与制造物质产出的技术和劳动一起被纳入模型。[10]模型表示为 $Y = F(K, AL)$，总产出（Y）是传统机器（K）和增进劳动（AL）的一次齐次函数。在这一设定下，劳动的边际物质生产率以资本与增进劳动的比率（$K/(AL)$）增加。新出现的一个问题是，如何在新古典增长模型背景下对机器人的出现进行建模。人工智能赋能型机器人与传统机器有什么不同？一旦被引入，它们的经济效应，特别是对增长、消费和工资的影响如何？

我们在本章中使用的方法是假设资本是具有适应性和灵活性的，既可以作为传统机器（即传统资本），也可以作为机器人使用。给定其适应性，一旦机器人技术可用，现有的传统机器存量就可以被改造成机器人投入使用。毫无疑问，机器人制造背后的"技术"被认为是外生给定的。我们没有明确纳入模型的是由科研人员在人工智能和机器人领域取得的技术进步的结果。（在第十章我们会对劳动力在经济激励驱动下改进中间投入品质量所取得的内生性创新进行建模。）在本章中，我们对两种类型的机器人进行了建模：增加型机器人和增倍型机器人。增加型机器人可以发挥与人类工人同样的作用，因此是完全可替代人类工人的。这种类型的机器人可能最符合普通人对经济中使用的机器人的印象。将增加型机器人表示为 R_A，人类劳动力表示为 H，总的劳动力（机器人和人类）就等于 R_A+H。人工智能和机器学习的发展还催生出另一种机器人，我们称之为增倍型机器人，它们可以增强劳动能力。这些机器人既可以在几分钟内对庞大的数据库进行挖掘并提供信息，帮助医务人员更有效地完成工作，也可以使年纪较大的工人轻而易举地搬运重物。这种人工智能赋能型机器人或增倍型机器人表示为 R_M。随着增倍型机器人的引入，总的劳动力（机器人和人类）变为 $(1+R_M)H$。

如果机器人是增加型的，我们将生产函数写作 $Y = F(K, R_A + H)$，它对方程的两个参数是一次齐次的。如果机器人是增倍型的，我们将生产函数写作 $Y = F(K, (1 + R_M)H)$，它对方程的两个参数也是一次齐次的。我们还分析了在人类工人从事的两种工作中引入这两种机器人的工资效应：增加型机器人也可以执行的常规性工作（H_1），以及增倍型机器人可以使生产率提高的非常规性工作（H_2）。[11] 我们假设人类和机器人劳动力从事的常规性工作 $R_A + H_1$，不完全替代增倍型机器人支持的非常规性工作 $(1 + R_M)H_2$，其中替代弹性不变的子生产函数表示为：$[(R_A + H_1)^\rho + ((1 + R_M)H_2)^\rho]^{1/\rho}$；$\rho < 1$。[12]

我们将两个参数的线性齐次总量生产函数写作 $F(K, [(R_A + H_1)^\rho + ((1 + R_M)H_2)^\rho]^{1/\rho}$，其中 K 表示传统机器存量。

要分析引入人工智能赋能型机器人的经济效应，一个比较方便的假设是在机器人出现前，经济体处于静态均衡，技术进步率和人口增长率均为零。在一个简便的拉姆塞无限生存经济中，生产函数经过适当的标准化得到 $Y = F(K, H)$。在这样的经济体中，真实利率等于时间偏好率，真实工资不变，人均消费也不变。

本章的一个关键假设是资本具有适应性，从而当生产增加型机器人的技术可用时，一台传统机器可以立即被改造成机器人使用，反之亦然。（在第九章我们将抛弃这一假设，考虑某些种类的固定资本，如厂房和实体建筑不具有适应性而需要花时间建造的事实。因此，建造这样的资本需要很高的调整成本。）要使用于制造机器人或传统机器的适应性资本存在，一个关键的经济原理必须成立，即拥有一台传统机器的回报率等于拥有一个机器人的回报率——回报率相等原理。[13]随着增加型机器人的引入，总的非人力财富（W_n）现在就等于 $K + R_A$。尽管 W_n 会随时间逐渐变化，为满足回报率在每个时点相等的原理，R_A 和 K 之间的划分是被内生决定的。我们同时注意到，为满足回报率相等原理，给定 W_n，$K/(R_A + H)$ 会随着 R_A 和 K 之间划分的变化而即时调整。

增加型机器人的引入会带来哪些关键性的结果？研究表明，随着增加型机器人的出现，如果企业立即将某些现有的传统机器改造成机器人使用是有利可图的，真实工资就会立即下降。然而，最初等于主观时间偏好率的真实利率会立即跃升到一个永久性的高位。最初等于零的消费增长率也会变为正值。沿着这条路径，受到比物质资本折旧速度更快的资本积累推动，人均消费会不断上升。在这条均衡增长路径上，总的非人力财富会与人均消费以同样的速度增长，同时传统机器和增加型机器人的份额不变。由于受到增加型机器人出现的影响，真实工资下降，且在非人力财富增长的情况下依然处于较低的水平。原因在于，尽管非人力财富有所增长，但是因为资本具有适应性，$K/(R_A + H)$ 的比率保持不变，所以非人力财富在 K 和 R_A 之间的分配会在回报率相等原理的约束下立即调整到位。

　　如果引入的机器人本质上是增倍型的，又会发生什么？研究表明，随着增倍型机器人的出现，尽管其直接影响是在采用机器人有利可图时导致传统机器的存量下降（其本身往往会压低工资），但是真实工资不一定会下降，因为这类机器人的增倍性质会带来一种补偿性的劳动增进效应。与增加型机器人的情况相同，最初等于主观时间偏好率的真实利率会立即跃升到一个永久性的高位，最初等于零的消费增长率也会变为正值。沿着这条路径，受到比物质资本折旧速度更快的资本积累推动，人均消费会不断上升。而真实工资尽管在一开始下降（如上文所述，实际上也可能上升），却将在一条均衡增长路径上与非人力财富一起继续稳步增长，即使不存在稳定的技术进步。

引入两种机器人的工资效应与只引入增倍型机器人的极端情形在分析上类似。更具体地，由于增倍型机器人提高了生产率，尽管工人的真实工资受此影响可能会下降，但在单纯增倍型的情况下，真实工资依然面临向上的增长趋势。而对从事增加型机器人也可以执行的常规性工作的工人们来说，如果在经济中由人类工人从事的常规性工作比非常规性工作要多，且常规性与非常规性工作之间的替代弹性大于1，那么他们就会因为同时采用增倍型机器人而提高生产率，从而使真实工资上涨。

本章余下部分结构如下：我们在第一节研究只引入增加型机器人的效应，在第二节研究只引入增倍型机器人的效应，同时采用两种机器人的案例将在第三节中讨论，第四节是结论。

完全替代人类劳动的机器人：增加型机器人的情形，$H + R_A$

人口总量是由很多相同的家庭组成的，且与总的人类劳动力相等。我们将其设为常数并标准化为 1。每个人类工人的工作小时数固定为 $\bar{H}$，因此总的人类劳动力等于 $\bar{H}$，并在间接劳动力（H_f）和可变劳动力（H）之间分配。经济人根据主观的时间偏好率从消费中获得效用，他们拥有无限寿命，面临瞬时真实利率 $r(t)$，并获得每小时 $v(t)$ 的真实工资。令 $c(t)$ 表示时间 t 的消费，$w_n(t)$ 表示非人力财富，$w_h(t)$ 表示人力财富。

经济人将最大化

$$\int_t^\infty \log c(\kappa) exp^{-\theta(\kappa-t)} d\kappa$$

$$\text{s.t.} \frac{dw_n(t)}{dt} = r(t)w_n(t) + v(t)\bar{H} - c(t)$$

和避免经济人无限期负债的一个横截条件。求得该经济人问题的解为

$$c(t) = \theta\left[w_h(t) + w_h(t)\right]$$

其中人力财富为

$$w_h(t) = \int_t^\infty v(\kappa)\bar{H} exp^{\int_t^\kappa -r(v)dv} d\kappa$$

将人均总量变量用大写字母表示，我们得到

$$C(t) = \theta\left[W_h(t) + W_n(t)\right] \quad （1）$$

$$\dot{W}_h(t) = r(t)W_h(t) - v(t)\bar{H} \quad （2）$$

$$\dot{W}_n(t) = r(t)W_n(t) + v(t)\bar{H} - C(t) \quad （3）$$

其中变量上方的点表示它的时间导数。对（1）式求时间导数，并将（2）、（3）式代入，我们在重新排列各项后得到

$$\frac{\dot{C}(t)}{C(t)} = r(t) - \theta \qquad (4)$$

再看模型的生产方面，我们首先考虑引入机器人之前的一个情形。由于企业在实际生产（使平均成本下降）开始之前需要承担间接劳动成本，不完全竞争企业生产和销售单一产品，会收取高于边际成本的价格加成，表示为 $m > 1$，向人类劳动力投入支付工资，并向资本投入支付租金，后者完全由传统机器组成。在机器人引入之前，每家企业都拥有如下生产技术：

$$Y(t) = F(K(t), H)$$

其中 Y 是产出流量，K 是传统机器存量，H 是人类可变劳动力投入。函数 $F(K, H)$ 表现出规模报酬不变的特征，而对于正的 K、H，它分别得到正的和递减的边际产品；它还满足稻田条件。我们有

$$y \equiv \frac{Y}{H} = f(k)$$

其中 $k \equiv K/H$。资本折旧率为 δ。因此，令 $r^K(t)$ 表示机器的租金率时，拥有一单位机器的经济人将获得 $r^K(t) - \delta$ 的净回报率。若机器与贷款可以完全替代，我们有 $r(t) = r^K(t) - \delta$。在不完全完竞争下最大化利润可以得到

$$r^K(t) = m^{-1}f'(k(t)) \qquad\qquad (5)$$

$$v(t) = m^{-1}\left[f(k(t)) - k(t)f'(k(t))\right] \qquad\qquad (6)$$

注意 $W_n(t) \equiv K(t)$，且 $rK(t)k(t)H + v(t)H = Hf(k(t))$，我们联立（5）、（6）式与（3）、（4）式可以得到

$$\frac{\dot{C}(t)}{C(t)} = m^{-1}f'(k(t)) - \delta - \theta \qquad\qquad (7)$$

$$\dot{k}(t) = f(k(t)) - \frac{C(t)}{H} - \delta k(t) \qquad\qquad (8)$$

对于自由进入和退出的企业，总收益覆盖总成本的条件决定了边际成本之上的价格加成 m。给定每个可变工作小时资本存量 k 的初始值，（7）、（8）式给出了 C 和 k 的两个具有熟悉性质的动态方程组。在稳态条件下，消费水平（C_{ss}）和稳态真实利率（r_{ss}）由以下两个等式决定：

$$C_{ss} = H\left[f\left(k_{ss}\right) - \delta k_{ss}\right] \qquad\qquad (9)$$

$$r_{ss} = \theta \qquad\qquad (10)$$

其中 $r_{ss} = m^{-1}f'(kss) - \delta$。

现在考虑将可以完全替代人类劳动的增加型机器人引入这一熟悉框架中的效应。为了便于测量，我们用可以完全替代一单位人类劳动

力投入的一个机器人作为机器人的单位。随着机器人的采用，生产函数现在变为

$$Y(t) = F\big(K(t), R_A(t) + H\big)$$

其中 $R_A(t)$ 是增加型机器人的数量。其集约形式可以写作

$$Y(t) = \big[R_A(t) + H\big] f\left(\frac{K(t)}{R_A(t) + H}\right)$$

不完全竞争下的利润最大化给出如下一阶条件：

$$r^K(t) = m^{-1} f'\left(\frac{K(t)}{R_A(t) + H}\right) \tag{11}$$

$$r^{R_A}(t) = m^{-1}\left[f\left(\frac{K(t)}{R_A(t) + H}\right) - \left(\frac{K(t)}{R_A(t) + H}\right) f'\left(\frac{K(t)}{R_A(t) + H}\right)\right] \tag{12}$$

$$v(t) = m^{-1}\left[f\left(\frac{K(t)}{R_A(t) + H}\right) - \left(\frac{K(t)}{R_A(t) + H}\right) f'\left(\frac{K(t)}{R_A(t) + H}\right)\right] \tag{13}$$

其中 $r^K(t)$ 是一单位传统机器的租金率，$r^{R_A}(t)$ 是一单位增加型机器人的租金率。

如果资本具有适应性且在两种功能之间完全流动，我们需要有

$$r = r^K - \delta = r^{R_A} - \delta \tag{14}$$

假设资本作为传统机器和作为完全替代人类劳动力的机器人使用时折旧率相同。因此,"有效资本密集度"是一个常数且满足

$$\frac{f\left(\frac{K(t)}{R_A(t)+H}\right)-\left(\frac{K(t)}{R_A(t)+H}\right)f'\left(\frac{K(t)}{R_A(t)+H}\right)}{f'\left(\frac{K(t)}{R_A(t)+H}\right)}=1 \qquad (15)$$

我们得到

$$\left(\frac{K(t)}{R_A(t)+H}\right)^* \equiv \gamma_A > 0 \qquad (16)$$

注意这使得瞬时真实利率成为一个常数:

$$r = m^{-1}f'(\gamma_A)-\delta = m^{-1}\left[f(\gamma_A)-\gamma_A f'(\gamma_A)\right]-\delta \qquad (17)$$

同时注意真实工资为

$$v = r + \delta \qquad (18)$$

最后,我们注意到,随着增加型机器人的引入,

$$W_n(t) \equiv K(t) + R_A(t) \qquad (19)$$

$$\frac{\dot{C}(t)}{C(t)} = m^{-1} f'(\gamma_A) - \delta - \theta \qquad (20)$$

$$\dot{W}_n(t) = [R_A(t) + H] f(\gamma_A) - C(t) - \delta W_n(t) \qquad (21)$$

从（9）、（10）式描述的没有机器人的初始稳态出发，我们利用（16）、（19）、（20）和（21）式给出的四等式组和四个变量 C、W_n、K 和 R_A，研究了采用完全替代工人的机器人有利可图的条件。通过一些公式变换，我们可以证明

$$R_A + H = \left(\frac{1}{1+\gamma_A}\right)(H + W_n)$$

将此式代入（21）式，这个一般均衡系统可以用 C 和 W_n 表示为

$$\frac{\dot{C}(t)}{C(t)} = m^{-1} f'(\gamma_A) - \delta - \theta$$

$$\frac{\dot{W}_n(t)}{W_n(t)} = \left(\frac{1}{1+\gamma_A}\right)\left[1 + \frac{H}{W_n(t)}\right] f(\gamma_A) - \delta - \frac{C(t)}{W_n(t)}$$

在引入机器人之前，我们有

$$r^K - \delta = m^{-1} f'\left(\frac{K_{ss}}{H}\right) - \delta \qquad (22)$$

$$v = m^{-1}\left[f\left(\frac{K_{ss}}{H}\right) - \left(\frac{K_{ss}}{H}\right) f'\left(\frac{K_{ss}}{H}\right)\right] \qquad (23)$$

在机器人被引入和采用的瞬间，我们有 $W_n \equiv K_{ss}$，所以

$$r^K - \delta = m^{-1}f'\left(\frac{K_{ss} - R_A}{R_A + H}\right) - \delta = m^{-1}f'(\gamma_A) - \delta \tag{24}$$

$$v = m^{-1}\left[f(\gamma_A) - \gamma_A f'(\gamma_A)\right] \tag{25}$$

因为在引入机器人之前资本回报率等于（10）式给出的主观时间偏好率，要使投资机器人有利可图，条件是

$$r^{R_A} - \delta > \theta \tag{26}$$

如果（26）式满足，那么一部分以传统机器形式存在的初始资本存量将立即被改造成增加型机器人，因此，

$$\gamma_A \equiv \frac{K_{ss} - R_A}{R_A + H} < \frac{K_{ss}}{H} \tag{27}$$

这意味着当机器人最初被引入时，比如在时间 0，显然有

$$k_0 \equiv \frac{K_{ss} - R_A}{R_A + H} < \frac{K_{ss}}{H}$$

$k \equiv \dfrac{K}{[R_A + H]}$ 的下降单独来说会导致真实工资受此影响而下降，并保

持在永久性的低位（因为 k 仍然等于 γ_A）。在长期，这个一般均衡系统表示为

$$\frac{\dot{C}}{C} = m^{-1}f'(\gamma_A) - \delta - \theta$$

$$\frac{\dot{W}_n}{W_n} = \left(\frac{1}{1+\gamma_A}\right)f(\gamma_A) - \delta - \frac{C}{W_n}$$

其中

$$\frac{\dot{W}_n}{W_n} = \frac{\dot{C}}{C} = m^{-1}f'(\gamma_A) - \delta - \theta$$

且

$$\frac{C}{W_n} = \left(\frac{1}{1+\gamma_A}\right)f(\gamma_A) - m^{-1}f'(\gamma_A) + \theta$$

这一分析遵循内生增长的 AK 模型。[14]

增加型机器人被采用之后，总的（人类和机器人）劳动力在国民收入中的份额在长期趋向于一个常数，表示为

$$\frac{v[R_A + \bar{H}]}{[R_A + H]f(\gamma_A)} = \frac{[f(\gamma_A) - \gamma_A f'(\gamma_A)]}{f(\gamma_A)}$$

然而,(人类)劳动力在国民收入中的份额在每一时刻表示为

$$\frac{v\bar{H}}{[R_A+H]f(\gamma_A)} = \frac{m^{-1}\left[f(\gamma_A)-\gamma_A f'(\gamma_A)\right]\bar{H}}{[R_A+H]f(\gamma_A)},$$

因为增加型机器人的存量在不断增长,而人类劳动力数量不变,我们发现(人类)劳动力在国民收入中的份额在长期将趋向于零。

机器人增进人类劳动:增倍型机器人的情形,$(1+R_M)H$

在引入机器人之前,经济中的等式(1)—(10)继续成立。假定人工智能和机器人科学的进步使得采用增进人类劳动的机器人成为可能。我们现在有传统机器(表示为 K)和增进人类劳动的增倍型机器人(表示为 R_M)。

生产函数现在变为

$$Y(t) = F\left(K(t),\left(1+R_M(t)\right)H\right)$$

其集约形式可以写作

$$Y(t) = \left(1+R_M(t)\right)Hf\left(\frac{K(t)}{\left(1+R_M(t)\right)H}\right)$$

不完全竞争下的利润最大化给出了如下一阶条件：

$$r^K(t) = m^{-1} f'\left(\frac{K(t)}{(1+R_M(t))H}\right) \tag{28}$$

$$r^{R_M}(t) = m^{-1} H \times \left[f\left(\frac{K(t)}{(1+R_M(t))H}\right) - \left(\frac{K(t)}{(1+R_M(t))H}\right) \times f'\left(\frac{K(t)}{(1+R_M(t))H}\right) \right] \tag{29}$$

$$v(t) = m^{-1}\left(1+R_M(t)\right) \times \left[f\left(\frac{K(t)}{(1+R_M(t))H}\right) - \left(\frac{K(t)}{(1+R_M(t))H}\right) \tag{30}\right.$$

$$\left. \times f'\left(\frac{K(t)}{(1+R_M(t))H}\right) \right]$$

其中 $r^K(t)$ 是传统机器的租金率，$r^{R_M}(t)$ 是增进人类劳动的增倍型机器人的租金率。

如果资本具有适应性且在两种功能间完全流动，我们需要有

$$r = r^K - \delta = r^{R_M} - \delta \tag{31}$$

假设两种功能的资本折旧率相同。有效资本密集度表示为

$$k \equiv \frac{K}{(1+R_M(t))H}$$

有效资本密集度是一个常数，且满足

$$\frac{f\left(\dfrac{K(t)}{\left(1+R_M(t)\right)H}\right)-\left(\dfrac{K(t)}{\left(1+R_M(t)\right)H}\right)f'\left(\dfrac{K(t)}{\left(1+R_M(t)\right)H}\right)}{f'\left(\dfrac{K(t)}{\left(1+R_M(t)\right)H}\right)}=1 \quad （32）$$

我们写作

$$\left(\frac{K(t)}{\left(1+R_M(t)\right)H}\right)^{*}\equiv\gamma_M>0 \quad （33）$$

注意这使得瞬时真实利率成为一个常数：

$$r=m^{-1}f'\left(\gamma_M\right)-\delta=m^{-1}H\left[f\left(\gamma_M\right)-\gamma_M f'\left(\gamma_M\right)\right]-\delta \quad （34）$$

同时注意，真实工资为

$$v(t)=m^{-1}\left(1+R_M(t)\right)\left[f\left(\gamma_M\right)-\gamma_M f'\left(\gamma_M\right)\right] \quad （35）$$

最后，我们注意到

$$W_n(t)=K(t)+R_M(t) \quad （36）$$

$$\frac{\dot{C}(t)}{C(t)} = m^{-1} f'(\gamma_M) - \delta - \theta \qquad (37)$$

$$\frac{\dot{W}_n(t)}{W_n(t)} = \left[\frac{Hf(\gamma_M)}{1+\gamma_M H}\right]\left[1+\frac{1}{W_n(t)}\right] - \delta - \frac{C(t)}{W_n(t)} \qquad (38)$$

其中使用了关系式 $(1+R_M)H = \left[\dfrac{H}{1+\gamma_M H}\right](1+W_n)$。

在引入机器人之前，我们有

$$r^K - \delta = m^{-1} f'\left(\frac{K_{ss}}{H}\right) - \delta \qquad (39)$$

$$v = m^{-1}\left[f\left(\frac{K_{ss}}{H}\right) - \left(\frac{K_{ss}}{H}\right)f'\left(\frac{K_{ss}}{H}\right)\right] \qquad (40)$$

在机器人被引入和采用的瞬间，我们有 $W_n \equiv K_{ss}$，所以

$$r^K - \delta = m^{-1} f'\left(\frac{K_{ss}-R_M}{(1+R_M)H}\right) - \delta = m^{-1} f'(\gamma_M) - \delta \qquad (41)$$

$$v = m^{-1}(1+R_M)\left[f\left(\frac{K_{ss}-R_M}{(1+R_M)H}\right) - \left(\frac{K_{ss}-R_M}{(1+R_M)H}\right)f'\left(\frac{K_{ss}-R_M}{(1+R_M)H}\right)\right]$$
$$= m^{-1}(1+R_M)\left[f(\gamma_M) - \gamma_M f'(\gamma_M)\right] \qquad (42)$$

我们注意到，给定 m，

$$\frac{dv}{dR_M} = m^{-1}\left[f(\gamma_M) - \gamma_M f'(\gamma_M)\right] + m^{-1}\gamma_M f''(\gamma_M)\left[H^{-1}+\gamma_M\right]$$

所以真实利率受此影响既有可能下降也有可能上升。

投资机器人有利可图的条件是

$$r^{R_M} - \delta > \theta \qquad (43)$$

如果（43）式满足，那么一部分以传统机器形式存在的初始资本存量将立即被改造成增倍型机器人，因此，

$$\gamma_M \equiv \frac{K_{ss} - R_M}{(1 + R_M)H} < \frac{K_{ss}}{H} \qquad (44)$$

这意味着当机器人最初被引入时，比如在时间 0，显然有

$$k_0 \equiv \frac{K_{ss} - R_M}{(1 + R_M)H} < \frac{K_{ss}}{H}$$

$k \equiv \dfrac{K}{\left[(1 + R_M)H\right]}$ 的下降单独来说会导致真实工资受此影响而下降。然而，由于 $(1 + R_M)$ 项乘以（42）式中的 $\left[f(\gamma_M) - \gamma_M f'(\gamma_M)\right]$ 的结果，真实工资也有可能上升。尽管真实工资受到的直接影响是不确定的，对（37）、（38）式的检验表明当前的真实工资会以一个正向的增长率增长。这是因为随着非人力财富的增长，W_n^{-1} 趋向于零，（38）式可以写作

$$\frac{\dot{W}_n}{W_n} = \left[\frac{Hf(\gamma_M)}{1+\gamma_M H}\right] - \delta - \frac{C}{W_n}$$

因此，W_n 在长期会以 $m^{-1}f'(\gamma_M) - \delta - \theta$ 的速度增长，使非人力财富与消费的比率保持不变。等式（42）表明真实工资会随着 R_M 的稳步增长而稳步增长。我们还注意到，在采用增倍型机器人之后，（人类）劳动力在国民收入中的份额在稳态中是一个常数，表示为

$$\frac{v\bar{H}}{\left[(1+R_M)H\right]f(\gamma_M)} = \frac{m^{-1}\left[f(\gamma_M) - \gamma_M f'(\gamma_M)\right]\bar{H}}{Hf(\gamma_M)}$$

两种机器人：不完全替代的情形

接下来，我们分析当人类工人从事两种类型的工作时同时引入两种机器人的工资效应，这两种工作分别是增加型机器人也可以执行的常规性工作，以及增倍型机器人可以提高生产率的非常规性工作。人类和机器人劳动力从事的常规性工作 $R_A + H_1$，不完全替代增倍型机器人支持的非常规性工作 $(1+R_M)H_2$，其中替代弹性不变的子生产函数表示为：$[(R_A+H_1)^\rho + ((1+R_M)H_2)^\rho]^{1/\rho}$，$\rho < 1$。【注意替代弹性为 $(1-\rho)^{-1}$。】有固定比例的人口从事增加型机器人可以替代的常规性工作，提供 H_1 的工作小时数，而其余人口从事增倍型机器人支持的非常规性工作，提

供 H_2 的工作小时数。我们假设间接劳动力（H_f）只由从事非常规性工作的工人提供，因此 $\bar{H}_2 \equiv H_2 + H_f$。我们将两个参数的线性齐次总量生产函数写作

$$F\left(K, \left[\left(R_A + H_1\right)^\rho + \left(\left(1 + R_m\right)H_2\right)^\rho\right]^{1/\rho}\right)$$

其中 K 表示传统机器存量。分析可以分为两步进行。第一步，我们注意到适用于增加型和增倍型机器人的回报率相等原理意味着如下条件成立：

$$\left(\frac{R_A + H_1}{\left(1 + R_M\right)H_2}\right)^{\rho-1} = H_2 \tag{45}$$

所以我们有

$$\left(\frac{R_A + H_1}{\left(1 + R_M\right)H_2}\right)^* \equiv \gamma_R > 0$$

根据这个结果，我们将总量生产函数写作

$$Y = \left(1 + R_M\right)H_2 \left[1 + \gamma_R^\rho\right]^{\frac{1}{\rho}} f\left(\frac{K}{\left(1 + R_M\right)H_2 \left[1 + \gamma_R^\rho\right]^{\frac{1}{\rho}}}\right)$$

不完全竞争下的利润最大化给出如下一阶条件：

$$r^K(t) = m^{-1} f'\left(\frac{K(t)}{\left(1+R_M(t)\right)H_2\left[1+\gamma_R^{\rho}\right]^{\frac{1}{\rho}}}\right) \tag{46}$$

$$r^{R_M}(t) = m^{-1} H_2\left[1+\gamma_R^{\rho}\right]^{\frac{1}{\rho}-1}\left[f\left(\frac{K(t)}{\left(1+R_M(t)\right)H_2\left[1+\gamma_R^{\rho}\right]^{\frac{1}{\rho}}}\right) \right. \tag{47}$$

$$\left. -\left(\frac{K(t)}{\left(1+R_M(t)\right)H_2\left[1+\gamma_R^{\rho}\right]^{\frac{1}{\rho}}}\right) f'\left(\frac{K(t)}{\left(1+R_M(t)\right)H_2\left[1+\gamma_R^{\rho}\right]^{\frac{1}{\rho}}}\right)\right]$$

$$r^{R_A} = m^{-1}\left[1+\gamma_R^{-\rho}\right]^{\frac{1}{\rho}-1}\left[f\left(\frac{K(t)}{\left(1+R_M(t)\right)H_2\left[1+\gamma_R^{\rho}\right]^{\frac{1}{\rho}}}\right) \right. \tag{48}$$

$$\left. -\left(\frac{K(t)}{\left(1+R_M(t)\right)H_2\left[1+\gamma_R^{\rho}\right]^{\frac{1}{\rho}}}\right) f'\left(\frac{K(t)}{\left(1+R_M(t)\right)H_2\left[1+\gamma_R^{\rho}\right]^{\frac{1}{\rho}}}\right)\right]$$

$$v_1(t) = m^{-1}\left[1+\gamma_R^{-\rho}\right]^{\frac{1}{\rho}-1}\left[f\left(\frac{K(t)}{\left(1+R_M(t)\right)H_2\left[1+\gamma_R^{\rho}\right]^{\frac{1}{\rho}}}\right) \right. \tag{49}$$

$$\left. -\left(\frac{K(t)}{\left(1+R_M(t)\right)H_2\left[1+\gamma_R^{\rho}\right]^{\frac{1}{\rho}}}\right) f'\left(\frac{K(t)}{\left(1+R_M(t)\right)H_2\left[1+\gamma_R^{\rho}\right]^{\frac{1}{\rho}}}\right)\right]$$

$$v_2(t) = m^{-1} \left(1 + R_M(t)\right) \left[1 + \gamma_R^\rho\right]^{\frac{1}{\rho}-1} \left[f \left(\frac{K(t)}{\left(1 + R_M(t)\right) H_2 \left[1 + \gamma_R^\rho\right]^{\frac{1}{\rho}}} \right) \right. \qquad (50)$$

$$\left. - \left(\frac{K(t)}{\left(1 + R_M(t)\right) H_2 \left[1 + \gamma_R^\rho\right]^{\frac{1}{\rho}}} \right) f' \left(\frac{K(t)}{\left(1 + R_M(t)\right) H_2 \left[1 + \gamma_R^\rho\right]^{\frac{1}{\rho}}} \right) \right]$$

其中 $r^K(t)$ 是一单位传统机器的租金率，$r^{R_M}(t)$ 是一单位增倍型机器人的租金率，$r^{R_A}(t)$ 是一单位增加型机器人的租金率，$v_1(t)$ 是可由增加型机器人完全替代其工作的工人的真实工资，$v_2(t)$ 是可被增倍型机器人增进其生产率的工人的真实工资。

如果资本具有适应性且在三种功能之间完全流动，我们需要有

$$r = r^K - \delta = r^{R_M} - \delta = r^{R_A} - \delta \qquad (51)$$

假设三种功能的资本折旧率相同。有效资本密集度表示为

$$k \equiv \frac{K}{\left(1 + R_M\right) H_2 \left[1 + \gamma_R^\rho\right]^{\frac{1}{\rho}}}$$

有效资本密集度是一个常数，且满足

$$
\frac{f\left(\dfrac{K(t)}{\left(1+R_M(t)\right)H_2\left[1+\gamma_R^{\rho}\right]^{\frac{1}{\rho}}}\right)-\left(\dfrac{K(t)}{\left(1+R_M(t)\right)H_2\left[1+\gamma_R^{\rho}\right]^{\frac{1}{\rho}}}\right)\times f'\left(\dfrac{K(t)}{\left(1+R_M(t)\right)H_2\left[1+\gamma_R^{\rho}\right]^{\frac{1}{\rho}}}\right)}{f'\left(\dfrac{K(t)}{\left(1+R_M(t)\right)H_2\left[1+\gamma_R^{\rho}\right]^{\frac{1}{\rho}}}\right)} \qquad (52)
$$

$$
=\frac{1}{H_2\left[1+\gamma_R^{\rho}\right]^{\frac{1}{\rho}-1}}
$$

我们写作

$$
\left(\frac{K(t)}{\left(1+R_M(t)\right)H_2\left[1+\gamma_R^{\rho}\right]^{\frac{1}{\rho}}}\right)^{*}\equiv\gamma_K>0 \qquad (53)
$$

注意，这使得瞬时真实利率成为一个常数：

$$
r=m^{-1}f'(\gamma_K)-\delta \qquad (54)
$$

同时注意，真实工资为

$$v_1 = m^{-1}\left[1+\gamma_R^{-\rho}\right]^{\frac{1}{\rho}-1}\left[f(\gamma_K)-\gamma_K f'(\gamma_K)\right] \tag{55}$$

$$v_2 = m^{-1}\left(1+R_M\right)\left[1+\gamma_R^{\rho}\right]^{\frac{1}{\rho}-1}\left[f(\gamma_K)-\gamma_K f'(\gamma_K)\right] \tag{56}$$

最后，我们注意到

$$W_n(t) = K(t) + R_A(t) + R_M(t) \tag{57}$$

$$\frac{\dot{C}(t)}{C(t)} = m^{-1}f'(\gamma_K)-\delta-\theta \tag{58}$$

$$\frac{\dot{W}_n(t)}{W_n(t)} = \frac{f(\gamma_K)}{\gamma_K}\left[1+\frac{1}{\gamma_K H_2\left[1+\gamma_R^{\rho}\right]^{\frac{1}{\rho}}}+\frac{\gamma_R}{\gamma_K\left[1+\gamma_R^{\rho}\right]^{\frac{1}{\rho}}}\right] \tag{59}$$
$$\times\left[1+\frac{1+H_1}{W_n(t)}\right]-\delta-\frac{C(t)}{W_n(t)}$$

其中使用了如下关系式：

$$1+R_M = \frac{K}{\gamma_K H_2\left[1+\gamma_R^{\rho}\right]^{\frac{1}{\rho}}}$$

$$R_A = \frac{\gamma_R K}{\gamma_K\left[1+\gamma_R^{\rho}\right]^{\frac{1}{\rho}}}-H_1$$

在引入机器人之前，我们有

$$r^K - \delta = m^{-1} f' \left(\frac{K_{ss}}{\left(H_1^\rho + H_2^\rho \right)^{\frac{1}{\rho}}} \right) - \delta \qquad (60)$$

$$v_1 = m^{-1} \left[1 + \left(\frac{H_1}{H_2} \right)^{-\rho} \right]^{\frac{1}{\rho} - 1} \qquad (61)$$

$$\times \left[f \left(\frac{K_{ss}}{\left(H_1^\rho + H_2^\rho \right)^{\frac{1}{\rho}}} \right) - \left(\frac{K_{ss}}{\left(H_1^\rho + H_2^\rho \right)^{\frac{1}{\rho}}} \right) f' \left(\frac{K_{ss}}{\left(H_1^\rho + H_2^\rho \right)^{\frac{1}{\rho}}} \right) \right]$$

$$v_2 = m^{-1} \left[1 + \left(\frac{H_1}{H_2} \right)^{\rho} \right]^{\frac{1}{\rho} - 1} \qquad (62)$$

$$\times \left[f \left(\frac{K_{ss}}{\left(H_1^\rho + H_2^\rho \right)^{\frac{1}{\rho}}} \right) - \left(\frac{K_{ss}}{\left(H_1^\rho + H_2^\rho \right)^{\frac{1}{\rho}}} \right) f' \left(\frac{K_{ss}}{\left(H_1^\rho + H_2^\rho \right)^{\frac{1}{\rho}}} \right) \right]$$

在机器人被引入和采用的瞬间，我们有 $W_n \equiv K_{ss}$，所以

$$r^K - \delta = m^{-1} f' \left(\frac{K_{ss} - R_A - R_M}{\left(1 + R_M \right) H_2 \left[1 + \gamma_R^\rho \right]^{\frac{1}{\rho}}} \right) - \delta = m^{-1} f' \left(\gamma_K \right) - \delta \quad (63)$$

现在人均消费是增长的。

由于增倍型机器人提高了生产率，尽管工人的真实工资受此影响可能会下降，但在单纯增倍型的情况下，真实工资依然面临向上的增长趋势。比较（61）式中采用机器人之前从事常规性工作工人的真实工资，和（55）式中采用机器人之后对应的真实工资，我们看到有效资本密集度随着机器人的采用而下降了：

$$\gamma_K \equiv \frac{K_{ss} - R_A - R_M}{(1 + R_M) H_2 \left[1 + \gamma_R^\rho\right]^{\frac{1}{\rho}}} < \frac{K_{ss}}{\left(H_1^\rho + H_2^\rho\right)^{\frac{1}{\rho}}}$$

通过这一渠道，采用机器人压低了从事常规性工作的工人的真实工资。[15] 然而，对于可由增加型机器人替代其工作的工人们来说，如果常规性与非常规性工作之间的替代弹性大于1，且如下条件成立，他们就会因为同时采用增倍型机器人而提高生产率，从而使真实工资上涨：

$$\gamma_R < \frac{H_1}{H_2}$$

如果这一渠道足够强势，通过同时采用两种机器人，就可以使从事常规性工作的工人的真实工资提高。[16]

在采用增加型和增倍型机器人之后，（人类）劳动力在国民收入中的份额为

$$\frac{v_1 H_1 + v_2 \bar{H}_2}{[1+R_M]H_2\left[1+\gamma_R^\rho\right]^{\frac{1}{\rho}}f(\gamma_K)}$$

$$= \frac{m^{-1}\left[f(\gamma_K) - \gamma_K f'(\gamma_K)\right]\left[\left(1+\gamma_R^{-\rho}\right)^{\frac{1}{\rho}-1}H_1 + (1+R_M)\left(1+\gamma_R^\rho\right)^{\frac{1}{\rho}-1}\bar{H}_2\right]}{(1+R_M)H_2\left[1+\gamma_R^\rho\right]^{\frac{1}{\rho}}f(\gamma_K)}$$

在劳动力数量不变的情况下，增倍型机器人的稳定增长意味着在长期，劳动在国民收入中的份额是一个常数，表示为

$$\frac{m^{-1}\left[f(\gamma_K) - \gamma_K f'(\gamma_K)\right]\bar{H}_2}{\left[1+\gamma_R^\rho\right]f(\gamma_K)H_2}$$

结论

在标准新古典增长理论中，根据索洛和斯旺的研究，在没有人口增长和技术进步的情况下，净投资等于零。我们发现在有增加型机器人时，最初等于零的消费增长率也会变为正值。沿着这条路径，受到比物质资本折旧速度更快的资本积累推动，人均消费会不断上升。在这条均衡增长路径上，总的非人力财富会与人均消费以同样的速度增

长，同时传统机器和增加型机器人的份额不变。然而，我们得到的一个严峻的结果是，真实工资被永久性地压低了，（人类）劳动力在国民收入中的份额渐近于零，尽管总的（人类和机器人）劳动力在国民收入中的份额在长期趋向于一个正的常数。

我们发现随着增倍型机器人的出现，尽管其直接影响是在采用机器人有利可图时导致传统机器的存量下降，真实工资却不一定会下降，因为这类机器人的增倍性质会带来一种补偿性的劳动增进效应。与增加型机器人的情况相同，最初等于主观时间偏好率的真实利率会立即跃升到一个永久性的高位。最初等于零的消费增长率也会变为正值。沿着这条路径，受到比物质资本折旧速度更快的资本积累推动，人均消费会不断上升。而真实工资尽管在一开始下降，却将在一条均衡增长路径上与非人力财富一起继续稳步增长，即使不存在稳定的技术进步。（人类）劳动力在国民收入中的份额在长期趋向于一个正的常数。

我们证明了引入两种机器人的工资效应与只引入增倍型机器人的极端情形在分析上类似。由于增倍型机器人提高了生产率，尽管工人的真实工资受此影响可能会下降，但在单纯增倍型的情况下，真实工资依然面临向上的增长趋势。而对从事增加型机器人可以替代的常规性工作的工人们来说，如果在经济中由人类工人从事的常规性工作比非常规性工作要多，且常规性与非常规性工作之间的替代弹性大于1，那么他们就会因为同时采用增倍型机器人而提高生产率，从而使真实工资上涨。

第九章
与厂房和实体建筑一起使用的增加型及增倍型机器人的工资效应

我们研究在长期和短期的总量增长模型中，增加型和增倍型机器人对工资的影响。在模型经济中有 3 种生产要素：人力、机器人，以及将厂房和实体建筑归为一类的互补性资产。我们识别出采用机器人的 3 种效应：要素密集度效应、劳动增进效应和资产价格效应。当只有增加型机器人被引入时，由于要素密集度效应——更多的"人类和机器人劳动力"在固定存量的厂房和实体建筑中工作，真实工资会逐渐下降到一个永久性的低位。然而，厂房和实体建筑的价格显然会上升——采用机器人的正的资产价格效应。在长期，更高价格的互补性资产导致了更多厂房和实体建筑的开发，从而削弱了要素密集度效应，并在增加型机器人的情形下恢复真实工资，在增倍型机器人的情形下提高真实工资。

引言

与第八章假设传统机器（具有适应性）可以立即被改造成增加型或增倍型机器人使用不同，本章假设合作要素是一种缓慢调整的资产，比如需要花时间建造的厂房和实体建筑。这种投资的调整成本是非常大的。在这一假设下，我们将增加型机器人情形下的生产函数写作 $Y = F(T, R_A + H)$（T 代表厂房和建筑的存量），将增倍型机器人情形下的生产函数写作 $F(T, (1 + R_M)H)$。

这里简要介绍本章得到的分析结果。我们将两种不同类型的机器人——增加型机器人和增倍型机器人，引入一个包含人类工人和合作资产（由厂房和实体建筑组成）的总量模型中，以研究它们对工资的影响。实体建筑的价格是内生决定的，实体建筑价格的飙升使非人力财富所有者变得更加富有。一个增加型机器人（R_A）可以执行一个人类工人（H）的工作，因此总的人类和机器人劳动力经适当标准化后等于 $H+R_A$。另一方面，增倍型机器人（R_M）可以增进人类劳动，因此总的有效劳动力等于 $(1+R_M)H$。可以完全替代人类劳动的增加型机器人最符合我们通常所说的自动化过程。近来，随着科学家在人工智能领域对深度学习算法的开发，机器在某种程度上可以在没有人类监督的情况下进行学习。医学研究工作者可以利用深度学习来筛选和分析大量的医学数据。例如，一种被称为 Face2Gene 的应用程序使用面部分析和人工智能来分析患者的相关特征，并与一个数据库进行对照，快速地为医生列出各种可能的罕见疾病。类似的技术还可以帮助科学家筛选实验数据以获得新发现。例如，一家法国公司 CybeleTech

使用人工智能来测定哪些种子在特定环境下收成最好。[1]这些人工智能领域的进展可能更接近于我们所研究的增倍型机器人情形。

这两种极端情形在短期厂房和实体建筑存量不变的情况下会产生截然不同的工资效应。和第八章一样，我们假设劳动力供给是无限缺乏弹性的，因此我们不考虑任何就业效应。（我们将在本章附录中证明，我们可以很容易地将分析扩展到内生劳动力供给的情形，从而研究引入增加型和增倍型机器人的就业效应。）当增加型机器人被引入，我们发现企业在生产流程中采用这种机器人有利可图时，真实工资会逐渐下降到一个永久性的低位，即使实体建筑的价格突然上升并逐渐增长到一个永久性的更高水平。因此，这一增加型机器人的极端情形证实了人们对引入机器人的恐惧，即担心它们会损害工人的工资收入并使那些非人力财富所有者变得更加富有。然而，长期来看，厂房和实体建筑的存量会上升，从而使真实工资恢复。

在增倍型机器人被引入的另一个极端情形中，我们发现固定的厂房和实体建筑存量具有两种相互抵消的作用：一种是要素密集度效应（短期内更多有效劳动力作用于不变的实体建筑供给），这往往会降低工资；另一种是劳动增进效应（增倍型机器人使每个工人效率更高），这会提高小时工资。我们得出这样一个结果，如果厂房和实体建筑的份额小于实体建筑和有效劳动力之间的替代弹性，那么引入机器人就一定会提升真实工资的整个增长路径。在长期，真实工资的增长还受到厂房和实体建筑形式的资本积累的进一步推动。

在第一节，我们使用要素价格边界的概念来阐述机器人的引入如何通过要素密集度效应和劳动增进效应影响真实工资。在第二节，我们通过对两种极端情形（只引入增加型机器人 R_A 和只引入增倍型机器人 R_M）进行完整的动态一般均衡分析来介绍采用机器人的资产价格效应。在第三节，我们研究了当厂房和实体建筑供给随着资产价格的变化做出调整时引入机器人的长期效应。第四节进行总结。

机器人技术和要素价格边界

首先考虑增加型机器人 R_A 的情形。总量生产函数表示为 $Y=F(T, H+R_A)$，并假定对其两个参数 T 和 $H+R_A$ 分别是一次齐次的，其中 Y 是产出，T 是厂房和实体建筑的固定存量，H 是间接劳动力 H_f 以 $\bar{H} \equiv H + H_f$ 的形式被雇用后得到的可变劳动力供给，R_A 是增加型机器人的存量。线性齐次生产函数写作 $Y = (H + R_A)f(T/(H + R_A))$，$f'(T/(H + R_A)) > 0$ 且 $f''(T/(H + R_A)) < 0$。不完全竞争条件下的企业最优化条件表示如下

$$v = m^{-1}\left[f\left(\frac{T}{H + R_A}\right) - \left(\frac{T}{H + R_A}\right)f'\left(\frac{T}{H + R_A}\right) \right] \tag{1}$$

$$r^T = m^{-1}f'\left(\frac{T}{H + R_A}\right) \tag{2}$$

$$r^{R_A} = m^{-1}\left[f\left(\frac{T}{H + R_A}\right) - \left(\frac{T}{H + R_A}\right)f'\left(\frac{T}{H + R_A}\right) \right] \tag{3}$$

其中 v 是真实小时工资，r^T 是厂房的租金率，r^{R_A} 是增加型机器人的租金率，m 是边际成本之上的价格加成。在企业自由进出的情况下，总收益覆盖总成本的条件决定了 m。

我们通过等式（1）和（2）可以得到要素价格边界。令 $x \equiv T/(H+R_A)$。将 x 代入（1）和（2）式，我们得到

$$v = m^{-1}\left[f(x) - xf'(x)\right] \qquad (4)$$

$$r^T = m^{-1}f'(x) \qquad (5)$$

由（5）式，我们得到 $dx/dr^T = m\left[f''(x)\right]^{-1}$。将其代入（4）式，我们得到

$$\frac{dv}{dr^T} = -x < 0 \qquad (6)$$

我们还可以得到

$$\frac{d^2v}{d\left(r^T\right)^2} = \frac{-m}{f''(x)} > 0$$

给定 m，我们在图 9.1a 中画出了要素价格边界（所有图参见附录）。注意在增加型机器人的情形中，$\tilde{v} \equiv v$。引入增加型机器人的效应是减小 x。如图 9.1b 所示，这降低了真实工资（由 v_1 变为 v_2）。我们称之

为引入机器人的要素密集度效应。基本上说，随着更多的人类和机器人劳动力在固定存量的厂房和实体建筑中工作，劳动力的边际收益产品下降，从而使工资降低。

接下来考虑增倍型机器人 R_M 的情形。总量生产函数表示为 $Y=F(T, (1+R_M)H)$，并假定对其两个参数 T 和 $(1+R_M)H$ 分别是一次齐次的，其中 R_M 是增倍型机器人的存量。线性齐次生产函数写作 $Y=(1+R_M)Hf(T/(1+R_M)H)$。不完全竞争条件下的企业最优化条件表示为

$$v = m^{-1}\left(1+R_M\right)\left[f\left(\frac{T}{\left(1+R_M\right)H}\right)-\left(\frac{T}{\left(1+R_M\right)H}\right)f'\left(\frac{T}{\left(1+R_M\right)H}\right)\right] \quad (7)$$

$$r^T = m^{-1}f'\left(\frac{T}{\left(1+R_M\right)H}\right) \quad (8)$$

$$r^{R_M} = m^{-1}H\left[f\left(\frac{T}{\left(1+R_M\right)H}\right)-\left(\frac{T}{\left(1+R_M\right)H}\right)f'\left(\frac{T}{\left(1+R_M\right)H}\right)\right] \quad (9)$$

其中 r^{R_M} 是增倍型机器人的租金率。

在增倍型机器人的情形中，我们令 $x \equiv T/((1+R_M)H)$。将 x 代入（7）和（8）式，并定义 $\tilde{v} \equiv v/(1+R_M)$，我们有

$$\tilde{v} = m^{-1}\left[f(x)-xf'(x)\right] \quad (10)$$

$$r^T = m^{-1}f'(x) \quad (11)$$

由（11）式，我们得到 $dx / dr^T = m[f''(x)]^{-1}$。将其代入（10）式，我们得到

$$\frac{d\tilde{v}}{dr^T} = -x < 0 \qquad （12）$$

我们还可以得到

$$\frac{d^2\tilde{v}}{d\left(r^T\right)^2} = -\frac{m}{f''(x)} > 0$$

给定 m，要素价格边界再次由图 9.1a 给出，注意 $\tilde{v} \equiv v / (1 + R_M)$。与增加型机器人的情形相同，引入增倍型机器人的效应是减小 x。如图 9.1b 所示，这降低了调整后的真实工资（由 $\tilde{v}_1$ 变为 $\tilde{v}_2$）。我们称之为引入机器人的要素密集度效应。然而，其对未调整的真实工资 v 的影响表示为 $(1 + R_M) \times \tilde{v}$。在引入增倍型机器人之前，真实工资为 $v = m^{-1}[f(T/H) - (T/H)f'(T/H)]$。随着机器人的引入，尽管 x 减小（要素密集度效应），从而导致 $\tilde{v}$ 的降低，却被与之相乘的 $(1+R_M)$ 项抵消了。我们称之为引入机器人的劳动增进效应。在这种情况下，尽管更多的"有效"劳动力在固定存量的厂房中工作（本身来看）会降低劳动力的边际生产率，由于每个人类工人的有效劳动力投入通过采用增倍型机器人得到了提升，因此会抵消这一影响。

动态一般均衡分析

考虑一个最初没有机器人也不存在技术进步的经济体。唯一的非人力资产是厂房和实体建筑的存量。代表性家庭无弹性地提供 $\bar{H}$ 单位的劳动力，并以主观时间偏好率 θ 无限生存。产出为 $Y=Hf(T/H)$。真实工资为 $v=m^{-1}\left[f\left(\dfrac{T}{H}\right)-\left(\dfrac{T}{H}\right)f'\left(\dfrac{T}{H}\right)\right]$，工厂租金率为 $r^T=m^{-1}f'(T/H)$。在封闭经济中，消费 C 等于产出，所以 $C=Y$。真实利率为 θ，厂房和实体建筑的价格 q 表示为

$$q=\frac{m^{-1}f'\left(\dfrac{T}{H}\right)}{\theta} \tag{13}$$

▎ 增加型机器人的情形

随着增加型机器人的引入，总量生产函数表示为 $Y=F(T, H+R_A)$。不完全竞争下的企业最优化得出（1）—（3）式。储蓄者现在可以投资厂房和增加型机器人，我们由回报率相等原理得到

$$r=r^{R_A}-\delta=\frac{r^T}{q}+\frac{\dot{q}}{q} \tag{14}$$

其中 r 是瞬时真实利率。将（2）、（3）式代入（14）式，我们得到

$$\frac{\dot{q}}{q} = m^{-1}\left[f\left(\frac{T}{H+R_A}\right) - \left(\frac{T}{H+R_A}\right)f'\left(\frac{T}{H+R_A}\right)\right] \tag{15}$$

$$-\delta - \frac{m^{-1}f'\left(\dfrac{T}{H+R_A}\right)}{q}$$

假设效用函数为对数形式，由家庭的跨期最优化得出熟悉的欧拉方程

$$\frac{\dot{C}}{C} = r - \theta \tag{16}$$

代入 r 的表达式，我们得到

$$\frac{\dot{C}}{C} = m^{-1}\left[f\left(\frac{T}{H+R_A}\right) - \left(\frac{T}{H+R_A}\right)f'\left(\frac{T}{H+R_A}\right)\right] - \delta - \theta \tag{17}$$

增加型机器人存量的时间变化率表示为

$$R_A = (H + R_A)f\left(\frac{T}{H+R_A}\right) - \delta R_A - C \tag{18}$$

等式（17）和（18）给出了控制变量 C 和存量变量 R_A 的动态两方程组。如图 9.2a 所示，我们可以很容易地证实该方程组表现出了鞍点路径稳定性。注意当 R_A=0 时，消费为 $Hf(T/H)$，在图 9.2a 中表示

为点 I。在引入机器人后，消费会立即下降（到点 II），推动增加型机器人的存量逐步增长。经济沿着一条斜率为正的鞍点路径运行，其中 $C=\Phi(R_A)$，$\Phi'(R_A)>0$。沿着调整路径，（1）式表明随着要素密集度 $x=T/(H+R_A)$ 逐渐降低到一个永久性的低位，真实工资会逐渐下降。在新的稳态中，要素密集度由下式决定

$$m^{-1}\left[f\left(\frac{T}{H+R_A}\right)-\left(\frac{T}{H+R_A}\right)f'\left(\frac{T}{H+R_A}\right)\right]=\delta+\theta$$

将 C 和 R_A 之间沿鞍点路径的关系式 $C=\Phi(R_A)$ 代入（18）式，我们得到

$$\dot{R}_A=(H+R_A)f\left(\frac{T}{H+R_A}\right)-\delta R_A-\Phi(R_A) \tag{19}$$

等式（15）和（19）形成了另一个跳跃变量 q 和存量变量 R_A 的动态两方程组。如图 9.2b 所示，我们可以很容易地证实该方程组表现出了鞍点路径稳定性。注意当 $R_A=0$ 时，厂房和实体建筑的价格由（13）式给出，在图 9.2b 中表示为点 I。在引入机器人后，厂房价格会立即向上跃升（正的资产价格效应），继而平稳上涨，直至到达新的稳态。在新的稳态中，厂房价格由下式给出

$$q = \frac{m^{-1} f'\left(\dfrac{T}{H + R_A}\right)}{\theta}$$

因此，我们看到引入增加型机器人的情形会导致真实工资的恶化，但厂房价格得到了提升。对于一个代表性家庭来说，尽管消费最初下降，引入增加型机器人会使每户消费进入上升路径。在新的稳态中，家庭消费明显更高了。

▌ 增倍型机器人的情形

随着增倍型机器人的引入，总量生产函数表示为 $Y=F(T,(1+R_M)H)$。不完全竞争下的企业最优化得出（7）—（9）式。储蓄者现在可以投资厂房和实体建筑以及增倍型机器人，我们由回报率相等原理得到

$$r = r^{R_M} - \delta = \frac{r^T}{q} + \frac{\dot{q}}{q} \tag{20}$$

其中 r 是瞬时真实利率。将（8）、（9）式代入（20）式，我们得到

$$\frac{\dot{q}}{q} = m^{-1} H \left[f\left(\frac{T}{(1+R_M)H}\right) - \left(\frac{T}{(1+R_M)H}\right) f'\left(\frac{T}{(1+R_M)H}\right) \right] \tag{21}$$

$$- \delta - \frac{m^{-1} f'\left(\dfrac{T}{(1+R_M)H}\right)}{q}$$

由家庭的跨期最优化得出熟悉的欧拉方程

$$\frac{\dot{C}}{C} = r - \theta \qquad (22)$$

代入 r 的表达式，我们得到

$$\frac{\dot{C}}{C} = m^{-1}H\left[f\left(\frac{T}{(1+R_M)H}\right) - \left(\frac{T}{(1+R_M)H}\right)f'\left(\frac{T}{(1+R_M)H}\right)\right] - \delta - \theta \qquad (23)$$

增倍型机器人存量的时间变化率表示为

$$\dot{R}_M = (1+R_M)Hf\left(\frac{T}{(1+R_M)H}\right) - \delta R_M - C \qquad (24)$$

等式（23）和（24）给出了控制变量 C 和存量变量 R_M 的两个动态方程组。通过与图 9.2a 类似的图形（未展示），我们可以很容易证实该方程组表现出了鞍点路径稳定性。在引入机器人后，消费会立即下降，接着机器人将逐渐增多。将 C 和 R_M 之间沿鞍点路径的关系式 $C = \Psi(R_M)$ 代入（24）式，我们得到

$$\dot{R}_M = (1+R_M)Hf\left(\frac{T}{(1+R_M)H}\right) - \delta R_M - \Psi(R_M) \qquad (25)$$

等式（21）和（25）形成了另一个跳跃变量 q 和存量变量 R_A 的动态两方程组。通过与图 9.2b 类似的图形（未展示），我们可以很容易证实该方程组表现出了鞍点路径稳定性。在引入机器人后，厂房价格会立即向上跃升，继而平稳上涨，直至到达新的稳态。

我们在上一节指出，在增倍型机器人情形下，存在两种工资效应：要素密集度效应会压低工资，劳动增进效应会提高工资。我们现在来看在什么样的条件下，给定 m，劳动增进效应会占据主导地位，从而使得增倍型机器人的引入总体上会抬升真实工资的整个路径。将（7）式中的真实工资 v 对增倍型机器人的存量 R_M 求导，我们得到

$$\frac{dv}{dR_M} = m^{-1}\left[f(x) - xf'(x)\right]\left[1 - \frac{\alpha_T}{\sigma}\right] \tag{26}$$

其中 $x \equiv T/[(1+R_M)H]$，$\alpha_T \equiv xf'(x)/f(x)$ 是厂房和实体建筑在国民收入中的份额，$\sigma \equiv -\{f'(x)[f(x) - xf'(x)]/[xf''(x)f(x)]\}$ 是厂房 T 和有效劳动力 $(1+R_M)H$ 之间的替代弹性。引入增倍型机器人会提高工资的一个充要条件是 $\sigma > \alpha_T$。这一条件满足传统的柯布-道格拉斯生产函数，其中替代弹性为 1。[2]

厂房和实体建筑内生供给下的长期均衡

假设人类和机器人劳动力用于生产最终产品的厂房和实体建筑数

量是内生决定的。我们对此进行建模，假设要增加厂房和实体建筑的存量，（用产出单位衡量的）资源必须耗尽。将使用的资源数量表示为 $\chi(T); \chi(0)=0, \chi'(\cdot)>0, \chi''(\cdot)>0$。

在增加型机器人的长期均衡情形下，因为 $x \equiv T/(H+R_A)$，$r=\theta$，所以

$$\theta+\delta = m^{-1}\left[f(x)-xf'(x)\right] \tag{27}$$

我们将（27）式写作 $x=\phi(\theta+\delta)$。将其代入（1）和（14）式并令 $\dot{q}=0$，我们得到

$$v = m^{-1}\left[f(\phi(\theta+\delta))-\phi(\theta+\delta)f'(\phi(\theta+\delta))\right] \tag{28}$$

$$q = \frac{m^{-1}f'(\phi(\theta+\delta))}{\theta} \tag{29}$$

$$\chi'(T) = q \tag{30}$$

我们在前文证明了在厂房和实体建筑存量不变的情况下，引入增加型机器人会导致真实工资的逐渐下降。然而，增加型机器人的采用提高了厂房和实体建筑的影子价格，从而刺激了投资。在长期，厂房和实体建筑存量的增加使得最初由于采用增加型机器人而被压低的真实工资得到了恢复。

在增倍型机器人的长期均衡情形下，因为 $x \equiv T/[(1+R_M)H]$，$r=\theta$，

所以

$$\theta + \delta = m^{-1}H\big[f(x) - xf'(x)\big] \tag{31}$$

我们写作 $x = \psi((\theta+\delta)/H)$。真实工资表示为

$$v = m^{-1}\big[1+R_M\big]\left[f\left(\psi\left(\frac{\theta+\delta}{H}\right)\right) - \psi\left(\frac{\theta+\delta}{H}\right)f'\left(\psi\left(\frac{\theta+\delta}{H}\right)\right)\right]$$

且我们有

$$\chi'(T) = q = \frac{m^{-1}f'\left(\psi\left(\dfrac{\theta+\delta}{H}\right)\right)}{\theta}$$

当厂房和实体建筑存量在长期内生调整时，不存在因引入机器人而倾向于拉低工资的要素密集度效应。因此，只有增倍型机器人的劳动增进效应在发生作用。

结论

在本章中，我们首先研究了只引入增加型机器人的情形。我们证明了当企业在生产流程中采用这种机器人有利可图时，真实工资会逐

渐下降到一个永久性的低位。基本上，随着更多的人类和机器人劳动力在固定存量的厂房和实体建筑中工作，劳动力的边际收益产品下降，从而使工资降低。

接下来，我们研究了只引入增倍型机器人的情形。我们证明了有两种相互抵消的作用：一种是要素密集度效应（更多有效劳动力在固定存量的厂房中工作），这往往会降低工资；另一种是劳动增进效应（增倍型机器人使每个工人效率更高），这会提高小时工资。我们得出这样一个结果，给定价格—边际成本加成，如果厂房和实体建筑在国民收入中的份额小于实体建筑和有效劳动力之间的替代弹性，那么引入机器人就一定会提升真实工资的整个增长路径。在这种情况下，尽管更多的"有效"劳动力在固定存量的厂房和实体建筑中工作（本身来看）会降低劳动力的边际生产率，但由于每个人类工人的有效劳动力投入通过采用增倍型机器人得到了提升，因此会抵消这一影响。

在我们研究的两种情形中，引入机器人都会导致厂房和实体建筑影子价值的增长路径向上移动，即产生正的资产价格效应。在模型中我们首先假设厂房和实体建筑的存量是不变的。更具体地，如果厂房和实体建筑存量内生决定于逐渐升高的边际成本，我们可以预期厂房和实体建筑影子价值的提高会导致与工人和机器人合作使用的厂房和实体建筑存量的逐渐增加。这些合作资产供给的内生增长可以抵消要素密集度效应，后者正是机器人压低工资这一效应背后的原因。在长期只有增加型机器人的情况下，厂房和实体建筑存量的增加使得最初由于采用增加型机器人而被压低的真实工资得到了恢复。在只有增倍型机器人的情况下，当厂房的存量在长期内生调整时，不存在因引入机器人而倾向于拉低工资的要素密集度效应。因此，长期来看只有增倍型机器人的劳动增进效应在发生作用。

本章的基本分析使用一个总量模型表明了即使机器人在长期是无害甚至有益的，随着机器人存量的增长，国家在某个时期仍可能会面临工人对进一步引入机器人的抵制，而且将机器归类为增加型机器人和增倍型机器人并不总是简单明了的。这样的发展趋势不但可能使社会失去它未来的一部分工资增长（以及更广泛的经济增长），而且会激起对大多数或是所有创新的反对，从而剥夺社会参与创新过程所获得的满足感。如果机器人化进展迅速，并且其结果是社会和政治氛围的日趋紧张，那么这些初步的分析就是成功的。

附 录

在这篇附录中，我们将介绍内生劳动力供给，以便于分析引入增加型和增倍型机器人对工资和就业的影响。为了分析的简便，我们进行一个思想实验：当一些增加型和增倍型机器人空降到经济中，它的工资和就业会发生什么变化？

人口数量被标准化为 1。我们和前文一样假设家庭是相同的，但是现在假设个人的当前效用为 $\log C + \log(1-\bar{H})$，其中总的时间禀赋标准化为 1，C 是总消费，$\bar{H}$ 是总就业。[3] 以这一个人偏好为代表，可以很容易地证明总就业为

$$\bar{H}(t) = 1 - \frac{C(t)}{v(t)}$$

因此总就业（$\bar{H}$）与消费工资比率（C/v）负相关。

在我们研究的这个封闭经济中，为简便起见，假设折旧率（δ）等于 0，市场出清要求总消费（C）等于产出［增加型机器人情况下为 $F(T, H+R_A)$，增倍型机器人情况下为 $F(T, (1+R_M)H)$］。在增加型机器人的情况下，注意 $v = m^{-1}[f(x) - xf'(x)]$ 之后，我们有

$$\bar{H} = 1 - \frac{Tf(x)}{m^{-1}x\left[f(x) - xf'(x)\right]}; x \equiv \frac{T}{H + R_A}$$

由此得到了总就业的简化函数：

$$\bar{H} = \eta(x, T); \frac{\partial \eta}{\partial x} > 0; \frac{\partial \eta}{\partial T} < 0$$

显然，给定 T 和 m，空降的增加型机器人通过减少 x，不仅使真实工资下降，而且使总就业减少。相比劳动力供给无限缺乏弹性的情形，真实工资下降得没有那么多，从而使增加型机器人空降带来的工资下行压力部分通过总就业的收缩得到缓解。

现在考虑空降增倍型机器人的情形。在增倍型机器人的情况下，注意 $v = m^{-1}(1 + R_M)\left[f(x) - xf'(x)\right]$ 之后，我们有

$$\bar{H} = 1 - \frac{Hf(x)}{m^{-1}\left[f(x) - xf'(x)\right]}; x \equiv \frac{T}{(1 + R_M)H}$$

由此得到总就业的简化函数：

$$\bar{H} = \eta(x)$$

其中

$$\frac{d\bar{H}}{dx} = \frac{xf''(x)f(x)(\sigma-1)}{m^{-1}\left[1+\dfrac{f(x)}{f(x)-xf'(x)}\right]\left[f(x)-xf'(x)\right]^2}$$

且

$$\sigma \equiv \frac{-f'(x)\left[f(x)-xf'(x)\right]}{xf''(x)f(x)}$$

结果显示，如果实体建筑和总的有效劳动力（σ）之间的替代弹性小于1，那么给定 T 和 m，空降增倍型机器人对真实工资的影响不确定，但会减少总就业。真实工资由于 x 的下降而被拉低，但在对人类劳动力 $1+R_M$ 的劳动增进效应下得到提高。如果实体建筑和总的有效劳动力之间的替代弹性小于 1，空降增倍型机器人会提高消费工资比率，从而使就业出现收缩。

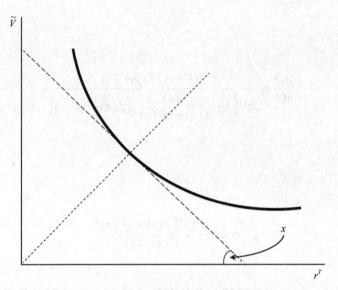

图 9.1a　要素价格边界

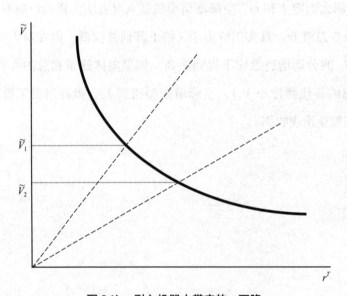

图 9.1b　引入机器人带来的 x 下降

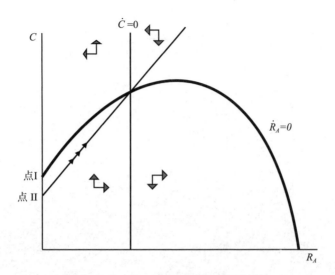

图 9.2a （R_A, C）平面的鞍点路径稳定性

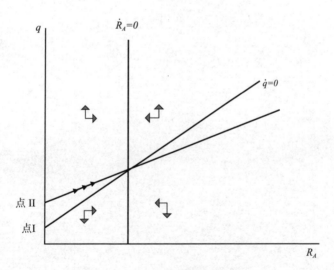

图 9.2b （R_A, q）平面的鞍点路径稳定性

第十章
增加型机器人、相对价格与自主创新

在一个两部门模型中，我们用公式来表述以下观点：当增加型机器人大量涌入资本品行业导致资本品价格下跌时，就会产生使消费品部门的自主创新更为有利可图的经济激励。这将导致经济中的一些工作者从参与生产转移到参与创新活动中去。因此，只要消费品行业的创新势头不减，并对工资率产生向上的拉动作用，新的工资路径最终一定会得到提升。

引言

在本章，我们研究采用增加型机器人通过刺激消费品部门的创新带来工资增长的作用渠道，这类似于在资本品部门采用增加型机器人会降低资本品的相对价格。首先，我们构造一个不存在任何创新和技术进步的两部门模型。该模型的特征是，有一个部门在机器人出现之前只使用人力来生产一种资本品。这种资本品被用于生产一种纯消费品。在没有技术进步和创新的情况下，模型显示出一种静态均衡，其中工资率、人均消费、资本品的相对价格和传统机器存量都是常数。随着增加型机器人的出现，我们看到资本积累得到了促进，人均消费出现增长，而真实工资与资本品的相对价格一样，下降到一个永久性的更低水平。

接下来，我们研究存在自主创新的两部门模型，创新内生存在于模型之中。我们用生产消费品所使用的中间投入品的质量提升来对创新建模。该模型的特征是，消费品部门生产的产品使用了传统机器和非完全竞争厂商提供的一系列中间投入品，后者同样使用传统机器作为原始投入品。除了创新率现在是内生决定的这个事实，该模型的简化形式等同于第一个模型。我们得出了两个主要结果：（1）资本品相对价格的下降会促进自主创新，并且推动真实工资上涨；（2）增加型机器人的出现鼓励了对传统机器的投资，这同样促进了自主创新。因此，一旦我们放弃第一种两部门模型的假设，允许自主创新提高消费品部门的生产率，增加型机器人就将有利于工资增长。

本章结构如下：第一节构建了一个零技术进步和无创新的两部门模型，研究引入增加型机器人的影响；第二节发展这一两部门模型以包含自主创新，并研究引入增加型机器人的影响；第三节进行总结。

零技术进步和无创新下的两部门模型

考虑一个最初没有机器人也不存在技术进步或创新的经济体。资本品的生产只依靠人力，而资本又被用于生产纯消费品。经过适当的标准化，资本品的产出表示为 $Y^I=H$，纯消费品的产出表示为 $Y^C=K$。令 q 表示以纯消费品单位衡量的资本品价格。在完全竞争的情况下，如下条件成立：

$$v(t) = q(t) \tag{1}$$

$$r^K(t) = 1 \tag{2}$$

其中 v 是真实工资，r^K 是资本租金率。资产定价关系式表示为

$$r(t) = \frac{r^K}{q(t)} + \frac{\dot{q}(t)}{q(t)} - \delta \tag{3}$$

将（2）式代入，可以写作

$$r(t) = \frac{1}{q(t)} + \frac{\dot{q}(t)}{q(t)} - \delta \tag{4}$$

资本积累方程表示为

$$\dot{K}(t) = H - \delta K(t) \tag{5}$$

假设效用函数为对数形式，由家庭的跨期最优化得出熟悉的欧拉方程

$$\frac{\dot{C}(t)}{C(t)} = r(t) - \theta \qquad (6)$$

当纯消费品市场出清时，$C(t) = Y^C(t)$，再将（5）、（6）式代入（4）式，我们得到

$$\frac{\dot{q}(t)}{q(t)} = \theta + \frac{H}{K(t)} - \frac{1}{q(t)} \qquad (7)$$

等式（5）和（7）给出了 $K(t)$ 和 $q(t)$ 的一个动态方程组，显示了给定初始资本存量 $K(0)$ 时的鞍点路径稳定性。在稳态中，当 $r_{ss} = \theta$ 时，

$$K_{ss} = \frac{H}{\delta} \qquad (8)$$

$$q_{ss} = \frac{1}{\theta + \delta} \qquad (9)$$

现在考虑出现增加型机器人的情形。为了使采用增加型机器人有利可图，储蓄者在投资组合中持有机器人的回报率必须至少达到 $r_{ss} = \theta$。我们注意到如果增加型机器人被采用，那么资本品的生产现在表示为 $Y^I = H + R_A$。令 r^{R_A} 表示一单位增加型机器人的租金率，需要有

$$r^{R_A} = v \qquad (10)$$

给定（1）式，上式等同于

$$r^{R_A} = q \qquad (11)$$

此外，回报率相等原理要求

$$r^{R_A} = r^K \qquad (12)$$

结合（2）式，等式（11）和（12）意味着如果采用增加型机器人有利可图，那么

$$q = 1 \qquad (13)$$

将（13）式代入（4）式，储蓄者在投资组合中持有机器人的回报率表示为

$$r = 1 - \delta \qquad (14)$$

因此，如果采用增加型机器人是有利可图的，以下条件必须成立：

$$1 - \delta > \theta \qquad (15)$$

由于纯消费品市场出清时，$C=K$，即使没有稳定的技术进步，由（6）、（14）和（15）式也可以得到

$$\frac{\dot{C}(t)}{C(t)} = 1 - \delta - \theta > 0 \qquad (16)$$

通过（1）、（9）、（13）和（15）式我们可以看到，当增加型机器人被采用时，真实工资由 $v=(\theta+\delta)^{-1}$ 下降到 $v=1$。因此，我们再次得到了第八章得出的结果：采用增加型机器人会导致真实工资的一次性永久下降，即使之前不变的人均消费在没有稳定的技术进步的情况下开始了向上的增长。

应对价格激励的自主创新案例

在采用机器人之前，资本品部门的产出经适当标准化后可以简单地表示为 $Y^I = H_I$。其中，Y^I 是资本品的产出，H_I 是资本品部门雇用的人类工人数量。消费品的产出表示为 $Y^C = K_C^{1-\alpha} \int_0^1 \Lambda_i^{1-\alpha} x_i^\alpha \, di; 0 < \alpha < 1$。其中，$Y^C$ 是消费品的产出，K_C 是直接使用于消费品部门的资本存量，x_i 是中间品 i 的数量，其质量表示为 Λ_i。两种最终产品都是在完全竞争条件下生产。然而，每种中间品 i 是在垄断竞争条件下生产，参见 Grossman and Helpman（1991）和 Aghion and Howitt（1992）。[1]

令 q 表示资本品部门产出的相对价格,以消费品作为计量单位。资本品部门中竞争性厂商的利润最大化条件为

$$v = q \qquad (17)$$

其中 v 是真实工资。从事消费品生产的竞争性厂商面对如下利润最大化问题:

$$Maximize \ K_C^{1-\alpha} \int_0^1 \Lambda_i^{1-\alpha} x_i^\alpha di - r^K K_C - \int_0^1 p_i x_i di$$

其中 r^K 是资本租金率,p_i 是中间品 i 的相对价格。求解这一最优化问题得到

$$r^K = (1-\alpha) K_C^{-\alpha} \int_0^1 \Lambda_i^{1-\alpha} x_i^\alpha di \qquad (18)$$

$$p_i = \alpha K_C^{1-\alpha} \Lambda_i^{1-\alpha} x_i^{-(1-\alpha)} \qquad (19)$$

再来看垄断竞争性厂商 i,以下最优化问题通过假设生产一单位 x_i 需要一单位传统机器得解:

$$Maximize \ \pi_i \equiv p_i x_i - r^K x_i$$

解此最优化问题，我们得到

$$r^K = \alpha^2 K_C^{1-\alpha} \Lambda_i^{1-\alpha} x_i^{-(1-\alpha)} \tag{20}$$

我们可以将（20）式重新表述为

$$x_i = \left(\frac{\alpha^2}{r^K}\right)^{\frac{1}{1-\alpha}} K_C \Lambda_i \tag{21}$$

对（21）式在 i 上进行积分，我们得到

$$\int_0^1 x_i di = \left(\frac{\alpha^2}{r^K}\right)^{\frac{1}{1-\alpha}} K_C \Lambda \tag{22}$$

其中 $\Lambda \equiv \int_0^1 \Lambda_i di$。将（21）式代入（22）式，进一步简化后，我们得到

$$r^K = (1-\alpha)^{1-\alpha} \alpha^{2\alpha} \Lambda^{1-\alpha} \tag{23}$$

由资本总需求等于总供给的条件得到

$$K_C + \int_0^1 x_i di = K \tag{24}$$

由（22）、（23）和（24）式，我们得到

$$K_C = \frac{K}{1+(1-\alpha)^{-1}\alpha^2} \tag{25}$$

接着，由（22）、（25）式和消费品生产函数，我们得到消费品产出的表达式：

$$Y^C = B\Lambda^{1-\alpha}K; B \equiv \frac{(1-\alpha)^{-\alpha}\alpha^{\frac{2\alpha^2}{1-\alpha}}}{1+(1-\alpha)^{-1}\alpha^2} \tag{26}$$

令技术增长率表示为 $\dot{\Lambda}/\Lambda \equiv \lambda$。经济的一般均衡动态可以概括如下。设总消费等于消费品产出并注意（3）、（6）、（23）和（26）式之后，我们有

$$\dot{K} = H_I - \delta K \tag{27}$$

$$r = \frac{(1-\alpha)^{(1-\alpha)}\alpha^{2\alpha}\Lambda^{1-\alpha}}{q} + \frac{\dot{q}}{q} - \delta \tag{28}$$

$$r = \theta + (1-\alpha)\lambda + \frac{\dot{K}}{K} \tag{29}$$

其中 r 为瞬时真实利率，θ 为主观时间偏好率。将（27）、（29）式代入（28）式，并定义 $\tilde{q} \equiv q/\Lambda^{1-\alpha}$，我们得到

$$\frac{\dot{\tilde{q}}}{\tilde{q}} = \frac{H_I}{K} + \theta - \frac{(1-\alpha)^{1-\alpha}\alpha^{2\alpha}}{\tilde{q}} \qquad (30)$$

如果 H_I 被作为外生的，（27）和（30）式可以用一个图形来描述，其中 $\tilde{q}$ 为纵轴，K 为横轴。图中平稳 K 轨迹是一条垂线，而平稳 $\tilde{q}$ 轨迹斜率为正。鞍点路径稳定性用一条正斜率的鞍点路径表示，其斜率较平稳 $\tilde{q}$ 轨迹平缓。

为了更好地理解当技术进步率由创新者数量内生决定时引入机器人的影响，一个有益的初步分析是假设 H_I 是外生给定的，从而由下文的（37）式，λ 也是外生给定的。在引入增加型机器人之前的稳态中，当 $r_{ss}=\theta$ 时，我们有

$$\tilde{q}_{ss} = \frac{(1-\alpha)^{1-\alpha}\alpha^{2\alpha}}{\delta + \theta} \qquad (31)$$

$$K_{ss} = \frac{H_I}{\delta} \qquad (32)$$

随着增加型机器人被采用，$r^K = r^{R_A} = v$，所以由（17）和（23）式，我们得到

$$\tilde{q} = (1-\alpha)^{1-\alpha}\alpha^{2\alpha} \qquad (33)$$

将（23）、（33）式代入（3）式，储蓄者在投资组合中持有增加型

机器人的回报率表示为

$$r = 1 + (1-\alpha)\lambda - \delta$$

为使采用增加型机器人有利可图，我们要求如下条件成立：

$$r = 1 + (1-\alpha)\lambda - \delta > \theta \qquad （34）$$

假设 $\delta + \theta < 1$，从而（34）式满足。[2] 对比（31）、（33）和（34）式，我们看到随着增加型机器人的采用，真实工资会立即下降。在这一直接影响之后，真实工资以 $(1-\alpha)\lambda$ 的速度继续增长。人均消费增长率也会提高。这是因为将（34）式代入（29）式，我们有

$$\frac{\dot{K}}{K} = 1 - (\delta + \theta) > 0 \qquad （35）$$

由于消费品市场出清意味着 $C=Y^C$，由（26）、（34）和（35）式我们得到

$$\frac{\dot{C}}{C} = (1-\alpha)\lambda + \frac{\dot{K}}{K} > 0 \qquad （36）$$

在这个初步分析中，我们使 H_l 保持外生固定。现在证明，当 H_l 内生

决定时，采用增加型机器人会导致真实工资随着资本品价格 q 的下降而出现即时的下降。然而，更便宜的资本品刺激了消费品部门的创新，从而使 λ 上升。因此，尽管采用增加型机器人会导致真实工资的即时下降，其后续的路径将对应一个更高的趋势增长率。

为了决定人类工人在生产和创新之间的均衡分配，我们令 λ 内生决定于

$$\lambda = \mu H_{IN}(\gamma - 1); \gamma > 1$$

其中 H_{IN} 是从事创新活动的人类劳动力，μ 是一项成功创新的恒定概率（泊松过程）。劳动力市场出清条件要求

$$H_{IN} + H_I = H$$

所以我们也可以写作

$$\lambda = \mu\left(H - H_I\right)(\gamma - 1) \tag{37}$$

中间品厂商 i 成功创新的利润流表示为

$$\pi_i \equiv \Phi \Lambda^{-\alpha} \Lambda_i K; \Phi \equiv \left(\frac{1-\alpha}{\alpha}\right)\left(\frac{\alpha^{\frac{2}{1-\alpha}}\left[(1-\alpha)^{1-\alpha}\alpha^{2\alpha}\right]^{-\left(\frac{\alpha}{1-\alpha}\right)}}{1+(1-\alpha)^{-1}\alpha^2}\right) \tag{38}$$

资产定价关系式表示为

$$r_t = \frac{\pi_{it}}{V_{it}} + \frac{\dot{V}_{it}}{V_{it}} - \mu H_{IN_i} \tag{39}$$

自由进入创新表示为

$$v_t = \mu V_{it} \tag{40}$$

由（1）、（38）、（39）和（40）式，我们得到

$$H_{INi} = \Phi \left[(1-\alpha)^{1-\alpha} \alpha^{2\alpha} \right]^{-1} \Lambda^{-1} \tilde{q}^{-1} K \Lambda_i - \mu^{-1} \left[r - \frac{\dot{q}}{q} \right] \tag{41}$$

将（28）式代入（41）式，我们得到

$$H_{INi} = \Phi \left[(1-\alpha)^{1-\alpha} \alpha^{2\alpha} \right]^{-1} \Lambda^{-1} \tilde{q}^{-1} K \Lambda_i - \mu^{-1} \left[\frac{(1-\alpha)^{1-\alpha} \alpha^{2\alpha}}{\tilde{q}} - \delta \right] \tag{42}$$

对（42）式在 i 上进行积分，并由 $\lambda = \mu H_{IN}(\gamma - 1)$，我们得到

$$\frac{\lambda}{(\gamma-1)} = \mu \Phi \left[(1-\alpha)^{1-\alpha} \alpha^{2\alpha} \right]^{-1} \tilde{q}^{-1} K - \left[\frac{(1-\alpha)^{1-\alpha} \alpha^{2\alpha}}{\tilde{q}} - \delta \right] \tag{43}$$

由（43）式，我们得到如下偏导数：

$$\left(\frac{1}{\gamma-1}\right)\frac{\partial\lambda}{\partial\tilde{q}} = \frac{-(1-\alpha)^{1-\alpha}\alpha^{2\alpha}[\mu\Phi K-1]}{\tilde{q}}$$

$$\left(\frac{1}{\gamma-1}\right)\frac{\partial\lambda}{\partial K} = \mu\Phi\left[(1-\alpha)^{1-\alpha}\alpha^{2\alpha}\right]^{-1}\tilde{q}^{-1}$$

（43）式的一个关键结果是，在其他条件不变的情况下，$\tilde{q}$ 的下降导致从事创新活动的人类工人数量增加，以获得足够高的成功创新概率 μ，这提高了技术进步率 λ。特别地，充分条件是 $\mu>1/(\Phi K)$。我们如何解释这一结果？资本品相对价格的下降通过两种渠道影响从事创新活动的人力均衡配置。首先，资本品相对价格的下降减少了资本品生产雇用工人的需求，从而释放出一部分工人去从事创新活动，这提高了技术进步率。其次，资本品相对价格的下降在其他条件不变的情况下导致了新创新的影子价值（V_i）下降。[3]第二种渠道减少了对创新者的需求。总的来说，如果创新成功的概率（μ）足够高，那么第一种渠道将占据主导地位，因此资本品相对价格的下降会导致更多工人去从事创新活动，从而提高技术进步率。

另一个重要的结果是，在其他条件不变的情况下，K 的上升导致从事创新的人类工人数量增加。假设开发增加型机器人的技术出现并且资本具有适应性，那么一单位资本可以被改造成完全替代一个人类工人的增加型机器人。假设使用增加型机器人有利可图，那么增加型机器人的租金价格就不能高于当前的真实工资。在均衡状态下，随着增加型机器人的采用，以下条件必须成立：

$$v = q = r^K \qquad （44）$$

　　这意味着即使创新率是内生决定的，增加型机器人也会被采用时，（33）式成立。要使采用增加型机器人有利可图，（34）式所表示的条件必须满足，其中 λ 本身由（43）式决定。如果 $\delta+\theta<1$，真实工资会经历即时的下降，且 $\tilde{q}$ 会受此影响而下降。由（43）式，如果增加型机器人最初被采用时 $\mu>1/(\Phi K)$ 成立，这意味着技术进步率 λ 提高了。由于（35）式成立，我们发现资本存量在稳步增长。等式（43）意味着资本存量的这一扩张推动了创新的加速。这说明随着 K 的稳步增长，H_{IN} 以及 λ 也将稳步增长。在最近的研究中，Bloom et al.（2018）证明了在经济中的很多部门，需要更多的研究者才能取得一定水平的创新成功。[4] 这表明根据（43）式，即使在增加型机器人一开始被采用时成功创新的概率 μ 较高，随着时间的推移，μ 将出现外生的稳步下降。再来看（37）式，μ 的下降会直接以及通过导致 H_{IN} 的下降而使从事研究的人数 λ 减少。

结论

　　在本章中，我们证明了随着增加型机器人的出现，资本积累得到促进，人均消费增长加快。当存在自主创新时，我们发现尽管真实工资受此影响而下降，资本相对价格的下降会推动创新的加速，因此，如果创新成功的概率足够高，真实工资的最初下降就会被更高的趋势增长率抵消。总结以上分析，我们发现，至少有 3 种渠道可以使采用机器人对工资增长产生更积极的结果。第八章讨论的第一种渠道是引入能增进人类劳动生产率的增倍型机器人。第九章讨论的第二种渠道是即使只采用增加型机器人也会产生正的资产价格效应，从而刺激对调整缓慢的非适应性资本（如厂房和实体建筑）的投资以补充人类和机器人劳动力。本章讨论的第三种渠道是刺激消费品部门的创新，因为在资本品部门采用增加型机器人会压低资本品的相对价格。

后记

埃德蒙·费尔普斯

在本书中，我们利用统计学证据支持了以下观点：大众创新、经济增长和工作满意度与社会所信奉的价值观有关。现代主义的核心价值观——独立、主动性、成就感和接受竞争，在自主创新水平较高的国家有较强影响。一个民族的现代主义指数几乎可以解释近几十年来各国生产率增长一半的差异。我们还对目前出现的两种自动化的长期和短期影响进行了理论分析。

目前，西方国家存在着超乎寻常的不满和分裂情绪，表达了对政治和经济体制的巨大疏离和不满。在这篇后记中，我们将考虑本书的观点和结论如何在一定程度上诠释这些变化背后的原因，以及可以采取什么措施去弥合这种疏离，并消除这种不满。

巨大疏离

不满是多样化的。而在每一种不满中，都有创新，或创新损失的身影。

一种不满是对经济增长或增长失速的普遍失望。正如瑞·达利欧在评价美国，也许是整个西方世界时所说，"对于大多数人来说，已经数十年几乎或完全没有出现过真实收入增长"。[1] 很多人发现他们的收入并没有比他们的父母高出很多。[2] 这反映了整个西方自半个世纪以前始于美国、后传至整个欧洲的持续经济衰退，即 TFP 增长的下降。[3]

在我们看来，经济衰退的原因是创新在总量水平上的严重损失——来自硅谷的信息和通信技术的进步只是暂缓了这种损失。我们在本书中的研究表明，这一不足更多的是因自主创新在长期以来被视为"领先经济体"的美国、英国、法国等国的缺失，而不是由科学发现驱动的外生创新的减少。

创新的下降带来了一系列综合病症：不仅工资增长放慢，而且投资回报率出现了长期的下滑——这是一个不好的征兆。这些病症反过来又导致了男性劳动参与率的严重萎缩和投资的减少。[4] 在一些国家，很多有意义的工作和令人满意的职业大范围消失了。从美国数据来看，在家户调查中报告的工作满意度的长期下降趋势就是证明。[5]

这是十分不同寻常的。我们要回到 1945—1975 年二战后的英国或早至 1918—1933 年的魏玛共和国才能在重要的西方经济体中看到这样的停滞。[6] 西方各国，尤其是那些处于领先地位的国家，正强烈需要重获经济的高增长和人类的繁荣。

除了总体上的收入增长放缓，自 20 世纪 80 年代以来还有另一种不满情绪在某些国家愈演愈烈。那就是在一些（尽管不是全部）西方经济体中，中等收入者的相对工资下降，通常是那些留在农村地区从事农业、制造业或采矿业的工人。

贸易可能发挥了一定作用。来自亚洲农场和工厂的新的竞争无疑对某些行业的真实工资产生了不利影响。然而这种影响是否足以解释农业和制造业相对工资的下降尚不明晰。有趣的是，一些长期以来被看作"创新国家"的国家——美国、英国和法国，有很多地区新陷入了困境，而那些一直被视为"贸易国家"的国家——德国和荷兰，却完全没有受到这种地域的困扰。[7]

更鲜为人知的是来自内部的竞争：城市中有较高能力的人群通过掌握新的技术提高了自己的收入，而大部分农村人口却没有这样的机会。[8] 因此，这些处于工资分配中间位置（50百分位）的劳动者未能跟上那些攀上了分配顶端（比如90百分位）的人。[9]（由此看来，大部分创新损失拖累了所有收入的增长，而仅有的创新更多地提高了城市工资而不是农村工资，从而造成了农村地区相对收入的损失。）

这种未能"跟上"的现状使工业和农村地区的劳动者群体陷入痛苦之中。有人认为，他们会有一种不被尊重的感觉——他们被有意"抛下"了。在法国，农民和卡车司机以暴力抗议作为回应。而在个人主义有着坚实土壤的美国，人们则寄托于毒品和改换选票。

过去，面对这种形势的工人会迁移到城市，希望能找到与以前工资水平持平的工作。而现如今，随着创新在大多数行业普遍衰落，这些工人可能会认为他们无法足够快地找到工作，由此产生的成本和压力就不划算。除此之外，房屋难脱手（除非以一个使他们无法在别处买房的较低价格成交）以及带走医保也使他们的流动性变得更弱。

必须要说，激起中等收入劳动者愤怒的不仅仅是相对工资的下降，还包括腐败、竞争壁垒、任人唯亲和其他阻碍人们拥有"公平待遇"感觉的障碍。他们缺少使大多数人得以成功的关系或"条件"。

此外，随着"身份政治"的兴起，一些劳动者群体聚集的地区可能会突然意识到他们没有公平地得到他们应有的政治权益，无论真实的情况如何。在法国，"黄马甲"抗议者在他们所交的税被用于并非由他们选择的项目时，就产生了明显的疏离感。

一种颇为引人注目的应对方式是民粹主义政党近几十年来在法国、意大利、德国和西班牙的出现。[10] 今天，美国、英国和瑞典的执政党中也出现了这样或那样的民粹主义倾向。这已经产生了一定的后果。当意大利被法西斯党统治时，墨索里尼对经济施行的是社团主义，这成为他们的资本主义和民主的终结。现在美国也开始有人担忧极端主义者会以特朗普式的社团主义取代美国的资本主义和民主。

我们再一次不得不认为，如果自主创新没有严重衰落，西方世界，尤其是美国的这种疏离和愤怒的反应将会大大减少。

现在，又有一种新的不满情绪笼罩在西方上空。人工智能的进步使人们预料，进一步创新会在未来几十年急剧推进"自动化"。这种预期提出了一个问题：如果自动化使机器人大量出现并取代了人类的工作，那么我们将面临一个怎样的社会？

显然，在一个回报性工作机会非常少的国家，很少有人还能寄希望于过上美好的生活。如果很多人都缺少自主、成功、兴盛以及最低限度的自立的满足感，那么一个国家也将走向分崩离析。

重获增长与繁荣

那么，从本书的视角出发，一个国家怎样才有可能应对这三种挑战？

显而易见，在所有领域重新实现普遍的繁荣和快速的工资增长，需要使主要经济体恢复自主创新水平，而这是过去50年来主要经济体始终无法解决的巨大损失。我们在本书的研究发现，有证据可以支持我在《大繁荣》中提出的理论，那就是一个国家的高自主创新水平来自人民的活力，即他们对创新的愿望和能力。[11]我们证实了这种活力依赖于以个人主义、活力主义和自我表现概括的现代价值观相对于传统价值观的强度。[12]我们发现现代价值观通常对经济绩效具有正向影响，而传统价值观则具有负向影响。

这些发现指出了前进的道路。要重新获得创新的高"欲望"，它对于培养"积极的"价值观而不是"消极的"价值观非常重要，正如一首流行歌曲所唱的，要"强调积极"。也许对高中教材进行大范围的变更是必要的。可能同样有益的是使音乐和艺术重新进入中学课堂。（如果在学生时代有过表现创造力的经历，学生们将更有可能在工作中发挥创造性。）政府增加对艺术的资助也是有帮助的。

这些措施以及更多的努力对于激发现代价值观的复兴肯定是必要的。它们是否充分则有待进一步讨论。

然而，活力不但需要"欲望"，也需要"能力"。目前，有大量政策、法律和交易在妨碍或阻止有新想法的人进入。恢复反垄断政策将是向前迈出的重要一步。剥离过度监管对很多未来的创新者来说可能会有巨大的帮助。避免强大的公司与政府立法和行政部门的紧密联系也将是有益的。（这将是一场永无休止的斗争，但进步是可期的。）

另一项关键的措施是尽量减少创办企业、登记财产或获得建筑许可所涉及的办事程序。菲利普·霍华德记录了一些具有指导性的法规案例，这些案例将人类的角色简化为对法规的解释，而不必再利用他们的判断和创造力。[13]

我们的发现还指出了一些可能并没有帮助的举措。尽管有人将美国经济衰退归因于科学进步的减少[14]，美国国家科学基金的削减又使这一处境雪上加霜[15]，我们的研究结果却印证了（至少直到近几十年）大部分创新者都是从草根中成长起来的观点：他们来自在经济中工作的普通人，只是愿意去思考如何更好地做事情以及如何做更好的事情。

这并不意味着削减政府的科学基金是可取的，但它确实意味着相信这种基金的更多资助将极大地恢复创新没有实证依据。

接下来，国家怎样才能对上文提到的"新竞争"的受害者做出最好的回应？如前所述，当因生产率增长过慢或停滞而无法创造新的工作机会时，劳动力市场就不会再以教科书式的平滑状态运行，因此对于现在的劳动者来说，重新攀登阶梯要比先前困难得多。恢复高创新水平有一个理想的副作用，那就是帮助这些工作者重新回到他们原有的相对工资水平，也就是重返他们原先所在的梯级。

最后，怎样才能最好地应对人工智能将会带来或已经带来的自动化的增长？首先，如果总的创新带来了足够的资本节约，从而最终逆转了由自动化造成的劳动力节约，那么粗略地说，社会将只有赢家。其次，政府可以为每家公司雇用低薪工人提供补贴，以使它们更多地雇用这些工人，从而在就业低端抬高工资率。我们也可以扩大所得税抵免范围从而像帮助家庭那样去帮助个人。这样，社会就可以保护工人群体不会因机器人而丢掉工作。

此外，我们有必要抵制最近由少数政策倡议者提出的一些新的方向。"工作"是根本性的。从经济学家托尔斯坦·凡勃伦和阿尔弗雷德·马歇尔，到哲学家威廉·詹姆斯、约翰·罗尔斯和阿马蒂亚·森，再到社会学家贡纳尔·缪尔达尔和威廉·朱利叶斯·威尔逊，许多伟大的学者已经指出了这一点。我在《回报性工作》一书中也讨论了工作场所中的多种回报，特别是在充满活力的经济中。[16] 其中的观点可以简述如下：

我们必须反对普遍性的基本收入，一方面是因为它是对公共收入的一种糟糕的使用，而这一收入本应更好地用于提高低端劳动者的工资，使他们可以自立，这对树立人们的自尊至关重要，通过所得税抵免或补贴雇用低薪工人的公司都可以做到这一点。另一方面则是因为这往往会使很多人和他们的孩子离开或不走上工作岗位，而至少对大部分人来说，这是他们走向自我实现和融入世界的唯一途径。

注释

导论

1. 瑞典经济学家克努特·维克塞尔对资本形成的一系列问题，主要是储蓄和投资，进行了开创性的工作，主要见于他 1898 年出版的德文版专著 *Geldzins und Guterpreise*（Jena: G. Fischer, 1898）。熊彼特关于经济增长的里程碑式著作是其于 1911/1912 年出版的德文版专著 *Theorie der Wirtschaftlichen Entwicklung* (Vienna: Duncker and Humblot, 1911/12)，以及很久之后的英译版 *The Theory of Economic Development* (Cambridge, MA: Harvard University Press, 1934)。（在德国经济处于全盛时期的 19 世纪 90 年代，德语是经济学家的第二语言，直到 20 世纪 20 年代德国经济走向衰弱，学术研究也出现颓势。）阿瑟·塞西尔·庇古是剑桥学派的代表人物，引用安德拉·哈达尔于 2018 年 12 月 13 日收到的个人信件中的话说：剑桥学派是"从供求曲线到宏观经济学的一切被发明的地方"。他的主要著作包括 *The Economics of Welfare* (London: Macmillan, 1920), *Industrial Fluctuations* (London: Macmillan, 1927)，以及 *A Study in Public Finance* (London: Macmillan, 1928)。弗兰克·拉姆塞在许多领域都卓有建树，目前最受认可的是其影响深远的论文 "A Mathematical Theory of Saving," *Economic Journal* 38, no. 152 (December 1928): 543 – 559，尽管他对最优税收理论也做出了开创性的贡献。

保罗·萨缪尔森的概念性工作包括：在他首篇关于福利经济学的论文中引入了"显示性偏好"的概念，参见 "Welfare Economics and International Trade," *American Economic Review* 28, no. 2 (June 1938): 261 – 266；他有关向均衡收敛的想法参见 "The Stability of Equilibrium," *Econometrica* 9, no. 2 (April 1941): 97 – 120；他还提出了"要素价格边界"的概念，参见 "Parable and Realism in Capital Theory: The Surrogate Production Function," *Review of Economic Studies* 29, no. 3 (June 1962): 193 – 206；他在迭代方面的开创性著作参见 "An Exact Consumption Loan Model of Interest with or without the Social Contrivance of Money," *Journal of Political Economy* 66, no. 6 (December 1958): 467 – 482；他的"连续商品"概念提出于 R. Dornbusch, S. Fischer, and P. A. Samuelson, "Comparative Advantage, Trade and Payments in a Ricardian Model with a Continuum of Goods," *American Economic Review* 67, no. 5 (December 1977): 823 – 839。

还有一些人对新古典经济学的构建做出了基础性的贡献，其中最重要的几位贡献者包括古斯塔夫·卡塞尔、J. B. 克拉克、欧文·费雪、J. R. 希克斯和肯尼斯·J. 阿罗。另外需要注意，这里介绍的新古典经济学的主要内容基本都不是货币的，因此对货币主义的发展没有涉及。

新古典经济学的框架经由一系列重要著作拓展到了开放领域，包括伯蒂尔·俄林的贸易学著作 *Interregional and International Trade* (Cambridge, MA: Harvard University Press, 1933) 和 "Mechanisms and Objectives of Exchange Control,"

American Economic Review 27, no. 1 (March 1937): 141 – 150；萨缪尔森关于要素价格的论文，主要有 Wolfgang F. Stolper and Paul Samuelson, "Protection and Real Wages", *Review of Economic Studies* 9, no. 1 (November 1941): 58 – 73 以 及 Paul Samuelson, "International Trade and Equalisation of Factor Prices," *Economic Journal* 58, no. 230 (June 1948): 163 – 184；罗伯特·A. 蒙代尔的论文，"The Pure Theory of International Trade," *American Economic Review* 50, no. 1 (March 1960): 67 – 110；等等。

2. 20 世纪 60 年代及之后的几十年，这一跨期框架出现了很多应用和扩展，包括：Edmund Phelps, "The Golden Rule of Accumulation," *American Economic Review* 51, no. 4 (September 1961): 638 – 643; Franco Modigliani, "Long-Run Implications of Alterative Fiscal Policies and the Burden of the National Debt," *Economic Journal* 71, no. 284 (December 1961): 730 – 755; Robert E. Lucas and Leonard A. Rapping, "Real Wages, Employment and Inflation," *Journal of Political Economy* 77, no. 5 (September–October 1969): 721 – 754; Janusz Ordover, "Distributive Justice and Optimal Taxation," *Journal of Public Economics* 5, no. 1 – 2 (January–February 1976): 139 – 160; Carl Shapiro and Joseph Stiglitz, "Equilibrium Unemployment as a Discipline Device," American Economic Review 74, no. 3 (June 1984): 433 – 444; and Phelps, *Structural Slumps: The Modern Equilibrium Theory of Unemployment, Interest and Assets,* with Hian Teck Hoon, George Kanaginis, and Gylfi Zoega (Cambridge, MA: Harvard University Press, 1994)。

3. 他们的著作都写于 1915 年并因一战而延期出版。See Frank H. Knight, *Risk,*

Uncertainty and Profit (Boston: Houghton Mifflin, 1921); John Maynard Keynes, *A Treatise on Probability* (London: Macmillan, 1921). 凯恩斯在他之后的著作 *The General Theory of Employment, Interest and Money* (London: Macmillan, 1936) 中，谈到了那些力图判断出市场上占据主导地位的"平均意见"的厂商和投机者。有关"平均意见预期是什么"以及更进一步的"平均意见预期的平均意见是什么"的讨论，参见该书第 156 页。

4. 凯恩斯的后一本书是 *General Theory of Employment*。凯恩斯后来发现，一个城镇或国家在经历了需求下降之后，工人们可能并不会离开，因为每个工人都猜测其他人会离开，这是由工人们之间缺乏协调造成的。See *The Collected Writings of John Maynard Keynes*, vol. 14, *The General Theory and After*, pt. 2, *Defence and Development*, ed. Donald Moggridge (London: Macmillan, 1973).

5. 在过去几十年中，"标准"一词最早用于描述经济状态大概始于 Roman Frydman and Michael Goldberg, *Beyond Mechanical Markets: Asset Price Swings, Risk, and the Role of the State* (Princeton, NJ: Princeton University Press, 2011), 199。

6. See Robert M. Solow, "A Contribution to the Theory of Economic Growth," *Quarterly Journal of Economics* 70, no. 1 (February 1956): 65 – 94.

7. 一些模型被理解为描述了一个外生的自我维持的增长来源，这一来源由社会支配或可被社会支配。例如，有几位经济学家就教育对技术进步的影响建立了假设。其中一篇论文参见 Richard R. Nelson and Edmund Phelps, "Investment in Humans, Technological Diffusion and Economic Growth," *American Economic*

Review 56, no. 1/2 (March 1966): 69 – 75。作者提出了教育"对要求适应变化的功能具有重要作用"（第 69 页），从而有助于加速创新的传播。但这一模型并不认为更高的教育水平会使增长路径持续陡升，而只会产生一次性的平移。

8. 在教科书增长模型中，长期增长率就等于技术进步率。尽管在本书中绝非必要，但下面的数学可以作为一个附加内容。为简便起见，我们用 Λ 表示 TFP 水平，用 λ 表示其增长率。由此，如果资本积累保持不变，总产出的长期增长率将等于 λ。如果有投资使得资本与产出同步增长，那么增长率将等于 λ 乘以劳动份额的倒数。即便如此，技术进步仍然是长期增长的必要条件。

   长期以来，经济历史学家们一直相信，对于生产率增长来说，资本形成是比技术进步更为重要的因素。这一信念自 1956 年开始经历了一系列讨论。See, for example, Benton F. Massell, "Capital Formation and Technological Change in United States Manufacturing," *Review of Economics and Statistics* 42, no. 2 (May 1960): 182 – 188; Robert M. Solow, "Investment and Technical Progress," in *Mathematical Methods in the Social Sciences*, ed. K. Arrow, S. Karlin, and P. Suppes (Stanford, CA: Stanford University Press, 1960), 89 – 104; Edmund Phelps, "The New View of Investment: A Neoclassical Analysis," *Quarterly Journal of Economics* 76, no. 4 (November 1962): 548 – 567.

9. 熊彼特在他 1911/1912 年的经典著作 *Theorie der Wirtschaftlichen* 中提出，他从未在经济中见到任何人具有"创造力"。在他 1939 年的书中明确表示，企业家只是利用了发明家和发现家的工作。See Schumpeter, *Business Cycles: A Theoretical, Historical and Statistical Analysis of the Capitalist Process* (New York: McGraw-Hill, 1939).

罗伯特·索洛似乎对标准理论也持有同样的态度，在作为标准理论最后一根支柱的 "A Contribution to the Theory of Economic Growth" 一文中，他在结尾处进行了这样的总结性评论，他将自己的增长模型描述为一个 "无摩擦、有竞争力的因果关系体系"（第91页，以斜体字表示）。以我的理解，他所谓的 "因果关系" 是指在该模型建构的经济中，不会出现任何突发的事件或活动。

10. See Nicholas Conard, Maria Malina, and Susanne C. Münzel, "New Flutes Document the Earliest Musical Tradition in Southwestern Germany," *Nature*, August 2009, 737 – 740.

11. 参见 Edmund Phelps, *Mass Flourishing: How Grassroots Innovation Created Jobs, Challenge, and Change* (Princeton, NJ: Princeton University Press, 2013), 183 – 184 中的图 7.1 和图 7.2。它们让读者考虑到了一些高就业率国家的情况，较高的就业水平往往会降低生产率的一些传统指标，比如真实劳均 GDP 和人均每小时产量。尽管这些指标来自 1996 年的数据，但 2017 年的数据也未必有所不同。

一篇著名的论文证明了 "标准理论" 的这一推论，即要素价格比如工资率从而生产率在国家间趋于均等，参见 Paul A. Samuelson, "The Gains from International Trade," *Canadian Journal of Economics and Political Sciences* 5, no. 2 (May 1939): 195 – 205。

12. See Schumpeter, *Theory of Economic Development*. 在哈佛大学出版社英译版第 88 页，熊彼特用了 "显而易见" 一词。

13. 一些经济学家否认在适当测量的情况下，近期存在生产率的下跌。本书将为此提供一些重要的数据。

14. 这一对内生增长早期模型的总结来自 Richard R. Nelson, Merton J. Peck, and Edward Kalachek, *Technology, Economic Growth and Public Policy* (Washington, DC: Brookings Institution, 1967); and Edwin Mansfield, *Industrial Research and Technological Innovation*: *An Econometric Analysis* (New York: Norton, 1968)。我们很难面面俱到地评价第一代模型构建者提出的各种见解。其中比较突出的贡献者包括 Richard Nelson, "The Simple Economics of Basic Scientific Research," *Journal of Political Economy* 67, no. 3 (June 1959): 297 – 306; Kenneth J. Arrow, "The Economic Implications of Learning by Doing," *Review of Economic Studies* 29, no. 3 (June 1962): 155 – 173; Mansfield, *Industrial Research*。在 1970 年前后纳尔逊和西德尼·温特开始了多年的沟通和协作,并最终完成了对"熊彼特竞争"的阐述和建模,参见他们的 *An Evolutionary Theory of Economic Change* (Cambridge, MA: Harvard University Press, 1982)。

另一个内生增长的早期模型将全球进步作为用于产生这种进步的劳动力份额的函数。See Edmund Phelps, "Models of Technical Progress and the Golden Rule of Research," in *Golden Rules of Economic Growth* (New York: Norton, 1966), 137 – 157. 这一模型反过来提出了另一种模型,其中劳动力的指数型增长不但不会降低劳动生产率,而且如果将一定比例的劳动力用于提高生产率,还会加速生产率的增长。See Phelps, "Population Increase," *Canadian Journal of Economics* 1, no. 3 (August 1968): 497 – 518.

另外有必要补充一点,在同一时期,"防御性投资"继而"防御性创新"的概念被提出,并且肯尼斯·阿罗还引入了"攻击性创新"的概念,这种创新的动机是来自创新者会因此掌控整个行业并取得全部垄断利润的预期。

15. See Arrow, "Economic Implications of Learning". 阿罗在该文中指出，只有当企业被允许建立进入壁垒或采取专利权保护时，企业家才具有投资新产品开发的激励。

16. 纳尔逊还启发了关于新工艺在竞争行业间传播的研究，比如化肥和铧式犁在农业中的广泛使用。See Nelson and Phelps, "Investment in Humans".

17. 在后一种模型中，即便人口没有增长，某些条件下生产率在长期也能取得正的增长。罗默在 1986 年的一篇论文提出了一个"干中学"带来稳定增长的模型。See "Increasing Returns and Long-Run Growth," *Journal of Political Economy* 94, no. 5 (October 1986): 1002 – 1037. 在这个模型中，"干中学"不但带来了增长，还带动了更多的"干中学"，从而实现了一个无限的螺旋式增长。

18. Philippe Aghion and Peter Howitt, "A Model of Growth and Cycles through Creative Destruction" (Working Paper No. 527, Economics Department, MIT, May 1989); Philippe Aghion and Peter Howitt, "A Model of Growth through Creative Destruction," *Econometrica* 60, no. 2 (1992): 323 – 351. See also the stupendous textbook by Aghion and Howitt, *Endogenous Growth Theory* (Cambridge, MA: MIT Press, 1998).

19. See Paul M. Romer, "Endogenous Technical Change," *Journal of Political Economy* 98, no. 5 (January 1990): 71 – 103.

20. Nelson, Peck, and Kalachek, *Technology, Economic Growth*, 16 中写道："如果没有新的技术知识，这些可能性很快就会枯竭。随着额外的资本和教育的回报减少，不但它们对进一步扩张的贡献下降了，它们的扩张率也很有可能随之下滑。"

21. 我所说的"活力"一词在《大繁荣》一书中做了解释（Phelps, *Mass Flourishing*, ix, 20）。以我对这一术语的用法，由于产品市场的走弱而导致的创新减少并不是活力的下降。

22. See Edmund Phelps, "The Dynamism of Nations," *Project Syndicate*, December 2003; Phelps, "Macroeconomics for a Modern Economy" (Nobel Prize Lecture in Economics, Royal Swedish Academy of Sciences, December 2006); Phelps, "The Economic Performance of Nations," in *Entrepreneurship, Innovation, and the Growth Mechanism of Free Enterprise Economies*, ed. E. Sheshinski, R. J. Strom, and W. J. Baumol (Princeton, NJ: Princeton University Press, 2007), 342 – 356; Phelps, "In Search of a More Dynamic Economy," *Financial Times*, July 20, 2008; Phelps, "What Is Wrong with the West's Economies?," *New York Review of Books*, August 13, 2015, 54 – 56; Phelps, "The Dynamism of Nations: Toward a Theory of Indigenous Innovation," *Capitalism and Society* 12 (May 2017): article 3.

23. 华尔特·罗斯托在 *The Process of Economic Growth* (New York: Norton, 1952) 一书中的绝妙用词"从起飞进入持续增长"（或生产率增长）在他后来的论文中改为了"自我维持的"，参见他的 "The Take-Off into Self-Sustained Growth," *Economic Journal* 66, no. 261 (March 1956): 25 – 48。我认为他的"自我维持"是指不获取从而不依靠一系列外部力量在一段时间保持增长。

24. 学者们通过对大量可得数据的研究一致认为，1820 年前后人均产出在英国和美国开始持续攀升。按照安格斯·麦迪森提供的国民收入数据，我们可以看到，英国在 19 世纪后半期失去了优势地位，而德国和法国仍保持领先，参见 Maddison, *The World Economy: Historical Statistics* (Paris: OECD, 2003)。尽管现在看来有些不可思议，当时的数十位经济历史学家和经济学家对是什么支撑了英美在 1815 年拿破仑战争后的经济起飞都毫无头绪。

25. Paul Johnson, *The Birth of the Modern: World Society 1815 – 1830* (New York: Harper Collins, 1991).

26. 参见《大繁荣》中的总结和重述，Edmund Phelps, "Mass Flourishing: How It Was Won, Then Largely Lost," pts. 1 and 2, *OECD Insights*, August 19 and 20, 2013; Phelps, "What Is Wrong?"; and Phelps, "Dynamism of Nations: Toward a Theory"。

27. See Phelps, *Mass Flourishing*, 66. 在 19 世纪 40 年代的伦敦，"出人头地"这一说法意味着某人取得了人生成就。See Rick Rylance, *The Cambridge Companion to the Brontës* (Cambridge: Cambridge University Press, 2002), 157 – 158.

28. See Emma Griffin, *Liberty's Dawn* (New Haven, CT: Yale University Press, 2013).

29. 参见弗里德里希·哈耶克 1936 年 11 月 10 日在伦敦经济俱乐部做的主席致辞："Economics and Knowledge," *Economica* 4, no. 13 (February 1937): 33 – 54；在这里他谈到了不完全的知识创造机会（即市场未失灵并且很快辨认出的机会！）。也可参见他的高引论文 "The Use of Knowledge in Society," *American Economic Review* 35, no. 4 (September 1945): 519 – 530，其中他以"适应"来指代变化的环境。两篇文章都收录于 *Individualism and Economic Order* (Chicago: University of Chicago Press, 1948)。还可参见 Chester I. Barnard, *The Functions of the Executive* (1938; Cambridge, MA: Harvard University

Press, 1968)。

30. 正如著名城市经济学家简·雅各布斯所主张的，城市是新想法酝酿的副产品，而不是酝酿的原因。See Jacobs, *The Death and Life of Great American Cities* (New York: Random House, 1961). See also Saskia Sassen, *The Global City* (Princeton, NJ: Princeton University Press, 2001).

31. 马歇尔的这段话来自他早期的教科书 *Elements of Economics* (London: Macmillan, 1892), 5，我在 1985 年出版的教科书 *Political Economy* 中早就引用过。马歇尔很清楚他在说什么。他出生于 1842 年，在写下这些文字的时候已经观察了商业生活 50 年之久。

32. Alexis de Tocqueville, *Democracy in America*, 2 vols. (London: Saunders and Otley, 1835 – 1840).

33. 马克思尖锐地批评亚当·斯密将一个人的工作经验看作其安宁、自由和幸福的代价，而完全不是通往自由和幸福的工具。他这样写道："对斯密来说，劳动是一种诅咒。'安宁'似乎是一种适当的状态，与'自由'和'幸福'相等同。斯密好像完全不能理解，个人'在他的健康、力量、活动、技能、天赋正常的状态下'，也需要适量的工作和安宁的暂停……斯密毫不知晓跨越障碍本身也是一种解放运动——从而完成自我实现……从而达到真正的自由。" Karl Marx, *Grundrisse der Kritik der Politischen Okonomie* (New York: Penguin, 1993), 611。该书写于 1857—1861 年，德文原版于 1939—1941 年出版，英文版于 1973 年由企鹅出版社出版。

斯密未注意到工作的这些回报并不奇怪，因为在 18 世纪初的英国经济，这些回报当然并不普遍。然而到了 1893—1965 年，标准理论的建造者们则一定注意到了，不管是马歇尔还是持有不同观点的托尔斯坦·凡勃伦和贡纳尔·缪尔达尔，但显然这些建造者并没有看到将劳动视为休闲损失的危害。

34. 参见 David Hume, *An Enquiry Concerning Human Understanding* (London: Clarendon, 1748) 中关于知识如何增长的讨论。

35. 这一推论来自 Diana Coyle, "Rethinking GDP," *Finance and Development* 54, no. 1 (March 2017): 17 – 19。这里的统计研究和文字引用可参见 M. L. Cropper and A. S. Arriaga-Salina, "Inter-city Wage Differentials and the Value of Air Quality," *Journal of Urban Economics* 8, no. 2 (September 1980): 248。该文借鉴了 Robert M. Solow, "On Equilibrium Models of Urban Location," in *Essays in Modern Economics*, ed. Michael Parkin and A. R. Nobay (London: Longman, 1973), 2 – 16。

经济起飞所带来的物质利益的另一个要点是，由此产生的国民收入增长很快使政府采取公共健康与卫生措施，这使大量工作年龄人口免于早亡。

36. Abraham Lincoln, "Second Lecture on Discoveries and Inventions," February 11, 1859.

37. 1967 年在费城的一场未公开发表的演讲中，有人听到经济学家肯尼斯·博尔丁对"获得更好的贸易条件"给予了重要强调。

38. 这种满足感当然看起来是重要的，这一点是我在 2016 年 4 月牛津马丁学院和牛津大学资本主义与社会中心联合举办的"欧洲的未来"大会上首次补充的。其他内容可参见 Phelps, *Mass Flourishing*。

39. 还有其他种类的模型。1949 年，著名工程师兼统计学家 A. W. 菲利普斯在伦敦政治经济学院读书时，在地下室建造了一个用于英国经济研究的水力模型。在被伦敦政治经济学院任命为讲师继而教授后，他继续研究发现了工资通货膨胀率与失业率之间的统计关系，被称为"菲利普斯曲线"。

40. See Douglass North, *Institutional Change and American Economic Growth* (Cambridge: Cambridge University Press, 1971); Daron Acemoglu and James A. Robinson, *Why Nations Fail*: *The Origins of Power*, *Prosperity and Poverty* (New York: Currency, 2013).

41. 由于石油价格剧烈上涨以及固定汇率制结束之后出现的投资激增，这种减速并不总是立即就被注意到，更不要说还有 1968 年爆发的暴力事件，特别是在纽约、洛杉矶和巴黎。这种新的发展经过了 10 年甚至更长的时间才被意识到，尽管现在看起来明确了很多。See Assar Lindbeck, "The Recent Slowdown of Productivity Growth," *Economic Journal* 93, no. 369 (March 1983): 13 – 34; Stanley Fischer, "Symposium on the Slowdown in Productivity Growth," *Journal of Economic Perspective* 2, no. 4 (Fall 1988): 3 – 7.

那些经济学家指的是劳动生产率，即每个工人或每工作小时的产出。2012 年，罗伯特·J. 戈登细致地研究了他所构建的美国 TFP 的数据，注意到 1972 年以来增长率较大幅度的波动下滑。(在我的建议之下，他分别计算了 1922—1972 年和 1972—2012 年的增长率，发现后一时期的增速要慢得多。后者几乎是前者的一半。参见 Phelps, *Mass Flourishing* 第 220—221 页的条形图。在他的另一本书中，戈登用另一幅 10 年平均值的条形图展示了 20 世纪 70 年代的增长和随后的大幅下降，参见他的 *The Rise and Fall of American Growth*: *The U.S. Standard of Living since the Civil War*, Princeton, NJ: Princeton University Press, 2016。) 本书使用的是法兰西银行在戈登之后构建的数据，延伸到了更大范围的国家。

42. 在 Phelps, *Mass Flourishing*, 222–225，根据佩恩表较早的年度估计数据，报告了美国 TFP 在 1972—2012 年是 1922—1972 年的一半。

43. 对此比较突出的描述参见 Tyler Cowen, *The Great Stagnation* (Boston: Dutton, 2011); Phelps, *Mass Flourishing*; Gordon, *Rise and Fall*。

44. 需要注意的是标准理论并未给企业家精神的衰落留下解释空间，后者已经融入了主流经济模型当中。正如我们在一开始提到的，哈耶克在某些想法上的贡献已经偏离了标准理论，他认为富有洞察力的管理者可能会依据多年的经验，对人口、气候等外生发展变化带来的未开发机会产生一种感觉。See Hayek, "Use of Knowledge in Society"。

45. 其中一个来源是由 GSS 报告的数据。这一时间序列数据只能追溯到 1972 年，所以它无法支持（或反驳）这一假设的推论，即工作满意度在 20 世纪五六十年代持续上升，直到 1970 年前后随着自主创新的减速而下降，而且还伴随着 70 年代的投资热潮。我们可以看到，对"他们所从事的工作"感到"有点不满意"或"非常不满意"的受访者比例从 1985 年和 1986 年的 17.7% 和 13.4% 分别上升到 2004 年和 2006 年的 18.8% 和 28.1%，而前者刚刚经历了 80 年代初期最严重的经济衰退。这种不满在最近的 2016 年甚至进一步加剧。另一个数据来源是由皮尤研究中心的家户调查报告的"生活满意度"水平。我们知道，在家户调查中，工作满意度是生活满意度的一个非常重要的部分。即便不是这样，现代社会中的人们对生活满意度的感觉也与本书所阐述和检验的理论有密切关联。（它本身也是我们感兴趣的话题。）自数据开始的 20 世纪 70 年代，其得到的时间序列显示了报告的生活满意度的下降趋势。

46. 参见即将出版的 Anne Case and Angus Deaton, *Deaths of Despair and the*

Future of Capitalism (Princeton, NJ: Princeton University Press, March 2020) 一书中的全面调查。See also Jeffrey D. Sachs, "America Is Falling Far Behind on Key World Goals," CNN, July 11, 2018, https://www.cnn.com/2018/07/11/opinions/america-ranks-low-sustainable-development-sachs/index.html. 杰弗里·萨克斯也指出了"幸福"和"长寿"意义上的下降趋势。(尚不清楚长寿是否属于非物质的,因为它是一种天赋,而不是通过努力得到的,但它确实增加了休闲和消费的可能性,这属于物质范畴。)

47. Christopher Lasch, *The Culture of Narcissism* (New York: W. W. Norton, 1979).

48. 卡德尔的话引自 Stuart E. Eizenstaat, *President Carter: The White House Years* (New York: St. Martin's, 2018), 690。

49. 这句台词出现在菲利达·劳埃德导演的传记片《铁娘子》(2011)中。

50. Jimmy Carter, "Energy and the National Goals," Malaise Speech, televised July 15, 1979, https://www.americanrhetoric.com/speeches /jimmycarter-crisisofconfidence.htm. 第 42 任美国副总统沃尔特·蒙代尔说道:"我们想要和人民一样好的政府,现在我们告诉他们,我们需要和政府一样好的人民。" Eizenstaat, *President Carter*, 679.

51. 我愿意把这种经济看作好莱坞模型。许多编剧创作从脚本库中挑选的剧本,而很多这样的编剧创作的素材又可以被开发成剧本。(我想到了 F. 斯科特·菲茨杰拉德的《了不起的盖茨比》和巴德·舒尔伯格的《码头风云》。)

52. 有人可能会问,这个模型中的价格在哪里?如果将 K 和 D 两个总量看成几乎同质的,我们就有理由认为这个经济接近于只拥有一个相对价格,即资本 K 的真实价格 q,这是两部门总量模型中常见的符号。在这样一个扩展模型中,如果经济中有大量的 K，价格 q 可能会低于平均水平。但是我们也可以这样构建这个模型，假设对新想法感兴趣的劳动者不会因最终产品的低价而不去开发它们，那么，我们在这里抽取掉价格因素似乎就是可以接受的。

第一章

1. Charles W. Cobb and Paul H. Douglas, "A Theory of Production," in "Papers and Proceedings of the Fortieth Annual Meeting of the American Economic Association," supplement, *American Economic Review* 18, no. 1 (March 1928): 139 – 165.

2. Robert Barro and Xavier Sala-i-Martin, "Public Finance in Models of Economic Growth," *Review of Economic Studies* 59, no. 4 (1992): 645 – 661.

3. Richard R. Nelson and Edmund Phelps, "Investment in Human, Technological Diffusion, and Economic Growth," *American Economic Review* 56, no. 1 – 2 (March 1966): 69 – 75; Philippe Aghion and Peter Howitt, "A Model of Growth through Creative Destruction," *Econometrica* 60, no. 2 (1992): 23 – 351; Philippe Aghion, Peter Howitt, and Fabrice Murtin, "The Relationship between Health and Growth: When Lucas Meets Nelson-Phelps," *Review of Economics and Institutions* 2, no. 1 (2011): article 1.

4. See João Amador and Carlos Coimbra, "Characteristics of the Portuguese Economic Growth: What Has Been Missing?" (Working Papers w2007708,

Banco de Portugal, Economics and Research Department, 2007); Robert Barro, "Economic Growth in a Cross Section of Countries," *Quarterly Journal of Economics* 106, no. 2 (May 1991): 407 – 443; William Baumol, "Productivity Growth, Convergence, and Welfare: What the Long-Run Data Show," *American Economic Review* 76, no. 5 (December 1986): 1072 – 1085; Robert E. Lucas, "On the Mechanics of Economics Development," *Journal of Monetary Economics* 22, no. 1 (July 1988): 3 – 42; Paul Romer, "Increasing Returns and Long-Run Growth," *Journal of Political Economy* 94, no. 5 (October 1986): 1002 – 1037; Paul Romer, "Endogenous Technological Change," in "The Problem of Development: A Conference of the Institute for the Study of Free Enterprise Systems," *Journal of Political Economy* 98, no. 5, pt. 2 (October 1990): S71 – 102; Xavier Sala-i-Martin, "I Just Ran Two Million Regression," in "Papers and Proceedings of the Hundred and Fourth Annual Meeting of the American Economic Association," *American Economic Review* 87, no. 2 (May 1997): 178 – 183.

5. Daron Acemoglu, Ufuk Akcigit, and William Kerr, "Innovation Network," Proceedings of the National Academy of Sciences 113, no. 41 (October 016): 11483 – 11488.

6. Ufuk Akcigit, John Grisby, and Tom Nicholas, "The Rise of American Ingenuity: Innovating and Investors of the Golden Age" (NBER Working Paper No. 23047, National Bureau of Economic Research, Cambridge, MA, anuary 2017).

7. Pierre Mohnen and Rene Belderbos, "Intersectional and International R&D Spillovers" (UNU-MERIT Working Paper 7, Maastricht, Netherlands, 2013).

8. Petra Moser, Alessandra Voena, and Fabian Waldinger, "German-Jewish Émigrés and US Invention," *American Economic Review* 104, no. 10 October 2014): 3222 – 3255.

9. Joseph Zeira, "Workers, Machines, and Economic Growth," *Quarterly Journal of Economics* 113, no. 4 (November 1998): 1091 – 1117.

10. Nicholas Kaldor, "Capital Accumulation and Economic Growth," in *The Theory of Capital*, ed. F. A. Lutz and D. C. Hague (New York: St. Martin's, 1961), 177 – 222.

11. Pietro Peretto and John Seater, "Factor-Eliminating Technical Change," *Journal of Monetary Economics* 60, no. 4 (May 2013): 459 – 473; David H é mous and Morten Olsen, "The Rise of the Machines: Automation, Horizontal Innovation and Income Inequality" (CEPR Discussion Paper No. 10244, Center for Economic Policy Research, London, 2016); Philippe Aghion, Benjamin F. Jones, and Charles I. Jones, "Artificial Intelligence and Economic Growth" (NBER Working Paper No. 23928, National Bureau of Economics, Cambridge, MA, October 2017).

12. Zeira, "Workers, Machines, and Economic Growth."

13. William Baumol, "Macroeconomics of Unbalance Growth: The Anatomy of Urban Crisis," *American Economic Review* 57, no. 3 (June 1967): 415 – 426.

14. Daron Acemoglu, Simon Johnson, and James Robinson, "The Colonial Origins of Comparative Development: An Empirical Investigation," *American Economic Review* 91, no. 5 (December 2001): 1369 – 401; Daron Acemolgu and James Robinson, *Why Nations Fail: The Origins of Power, Prosperity, and Poverty* (New York: Crown, 2012).

15. Finn E. Kydland and Edward C. Prescott, "Business Cycles: Real Facts and a Monetary Myth," *Quarterly Review* (Federal Reserve Bank of Minneapolis) 14, no. 2 (Spring 1990): 3 – 18.

16. Hian Teck Hoon and Edmund Phelps, "Growth, Wealth and the Natural Rate: Is Europe's Jobs Crisis a Growth Crisis?," *European Economic Review* 41, nos. 3 – 5 (1997): 549 – 557.

17. Edward C. Prescott, "Why Do Americans Work So Much More than Europeans?," *Quarterly Review* (Federal Reserve Bank of Minneapolis) 28, no. 1 (July 2004): 2 – 13.

18. Philippe Aghion and Peter Howit, *Endogenous Growth Theory* (Cambridge, MA: MIT Press, 1998); Philippe Aghion and Peter Howitt, "Appropriate Growth Policy: A Unifying Framework," *Journal of the European Economic Association* 4, no. 2 – 3 (2006): 269 – 314. 后一篇论文在 2005 年 8 月 25 日于阿姆斯特丹举行的欧洲经济学会第 20 次年会上，在 2005 年约瑟夫·熊彼特讲座进行了演讲。

19. Edmund Phelps, *Mass Flourishing: How Grassroots Innovation Created Jobs, Challenge, and Change* (Princeton, NJ: Princeton University Press, 2013).

20. Friedrich A. Hayek, *Individualism and Economic Order* (Chicago: University of Chicago Press, 1948). 本书收录了 1935 年的 "Socialist Calculation, I, II"、1937 年 的 "Economics and Knowledge" 和 1945 年 的 "The Use of Knowledge in Society" 等文。

21. Henri Bergson, *Creative Evolution*, trans. Arthur Mitchell (New York: Henry

Holt, 1911).

22. Antonin Bergeaud, Gulbert Cette, and Rémy Lecat, "Productivity Trends in Advanced Countries between 1890 and 2012," *Review of Income and Wealth* 62, no. 3 (September 2016): 420 – 444. 其他相关研究可参见 http://www.longtermproductivity.com/post.html。

23. Bergeaud, Cette, and Lecat, "Productivity Trends."

24. Angus Maddison, *The World Economy: Historical Statistics* (Paris: OECD, 2003), https://www.oecd-ilibrary.org/development/the-world-economy_9789264104143-en.

25. Bergeaud, Cette, and Lecat, "Productivity Trends."

26. Gilbert Cette, Yusuf Kocoglu, and Jacques Mairesse, "Productivity Growth and Levels in France, Japan, the United Kingdom and the United States in the Twentieth Century" (NBER Working Paper No. 15577, National Bureau of Economic Research, Cambridge, MA, December 2009).

第四章

本章与阿古斯特·阿诺尔森合作完成。

1. See http://www.solfar.com/.

2. See https://www.facebook.com/vanillagames.

3. See http://www.ossur.is/.

4. See https://www.sabreairlinesolutions.com/home/.

5. See https://startupiceland.com/2014/12/02/oz-a-startup-profile-founder-spilling-the-beans/.

6. See for example, https://www.eveonline.com/?gclid=EAIaIQobChMI tYH54vHN2QIV5pPtCh02_wzTEAAYASAAEgJUZfD_BwE&gclsrc=aw. ds&dclid=CIfnkuTxzdkCFYWNGwod_WgOXw.

第五章

阿古斯特·阿诺尔森协助了本章研究。

1. William Baumol, "Entrepreneurship: Productive, Unproductive, and Destructive," *Journal of Political Economy* 98, no. 5 (October 1990): 893 – 921.

2. Friedrich A. Hayek, "Competition as a Discovery Procedure," in *New Studies in Philosophy, Politic, Economics and the History of Ideas* (London: Routledge, 1978), 179 – 190. 哈耶克在 1967/1968 年写作了这篇文章并于 1968 年在基尔大学进行了演讲。

3. Edmund Phelps, "The Dynamism of Nations: Toward a Theory of Indigenous Innovation," *Capitalism and Society* 12, no. 1 (May 2017): article 3, https://ssrn. com/abstract=2963105.

4. Edmund Phelps, *Mass Flourishing: How Grassroots Innovation Created Jobs, Challenge, and Change* (Princeton, NJ: Princeton University Press, 2013).

5. Edmund Phelps and Gylfi Zoega, "Corporatism and Job Satisfaction," *Journal of Comparative Economics* 41, no. 1 (February 2013): 35 – 47.

6. Joseph Schumpeter, *Theorie der Wirtschaftlichen Entwicklung* (Vienna: Duncker and Humblot, 1911/12).

7. David C. McClelland, *The Achievement Society* (Princeton, NJ: Princeton University Press, 1961).

8. Robert H. Brockhaus, "The Psychology of the Entrepreneur," in *Encyclopedia of Entrepreneurship* (Englewood Cliffs, NJ: Prentice-Hall, 1982), 39 – 57.

9. Donald L. Sexton and Nancy Bowman, "The Entrepreneur: A Capable Executive and More," *Journal of Business Venturing* 1, no. 1 (1985): 129 – 140.

10. Amir N. Licht and Jordan I. Siegel, "The Social Dimensions of Entrepreneurship," in *The Oxford Handbook of Entrepreneurship*, ed. Mark Casson and Bernard Yeung (Oxford: Oxford University Press, 2006), 511 – 539.

11. Stanley Cromie, "Assessing Entrepreneurial Inclinations: Some Approaches and Empirical Evidence," *European Journal of Work and Organizational Psychology* 9, no. 1 (March 2000): 7 – 30.

12. Richard Lynn, *The Secret of the Miracle Economy: Different National Attitudes to Competitiveness and Money* (London: Social Affairs Unit, 1991).

13. Scott Shane, "Cultural Influences on National Rates of Innovation," *Journal of Business Venturing* 8, no. 1 (January 1993): 59 – 73.

14. Edward C. Banfield, *The Moral Basis of a Backward Society* (Glencoe, IL: Free Press, 1958).

15. Robert D. Putnam, Robert Leonardi, and Raffaella Y. Nanetti, *Making Democracy Work: Civic Traditions in Modern Italy* (Princeton, NJ: Princeton University Press, 1993).

16. Stephen Knack and Philip Keefer, "Does Social Capital Have an Economic Payoff? A Cross-Country Investigation," *Quarterly Journal of Economics* 112, no. 4 (November 1997): 1251 – 1288.

17. Guido Tabellini, "Culture and Institutions: Economic Development in the Regions of Europe," *Journal of the European Economic Association* 8, no. 4 (June 2010): 677 – 716.

18. See Paul J. Zak and Stephen Knack, "Trust and Growth," *Economic Journal* 111, no. 470 (March 2001): 295 – 321. 他们提供了一些信任关系的例子。比如说，托马斯·霍布斯声称陌生人之间的信任仅仅来自政府，因此与个人的善意无关；而约翰·穆勒则认为，害怕被揭发使社会成员恪守自己的义务，以免使自己的声誉受损，这同样也与个人的善意无关。

19. See Knack and Keefer, "Does Social Capital?"; Zak and Knack, "Trust and Growth"; Yann Algan and Pierre Cahuc, "Trust, Growth and Happiness: New Evidence and Policy Implications," in *Handbook of Economic Growth*, vol. 2A, ed. Philippe Aghion and Steven Durlauf (Amsterdam: North-Holland, 2013), 49 – 120; Christian Bjo/rnskov, "How Does Social Trust Lead to Economic Growth?," *Southern Economic Journal* 78 (2012): 1346 – 1368. Brueckner, Chong, and Gradstein (2015) 的一项研究发现了相反的因果关系，即收入下降导致了信任水平的降低。See Markus Brueckner, Alberto Chong,

and Mark Gradstein, "Does Economic Prosperity Breed Trust?" (Discussion Paper 10749, Centre for Economic Policy Research, London, August 3, 2015).

20. Edmund Phelps, "Economic Culture and Economic Performance: What Light Is Shed on the Continent's Problem?" (Working Paper No. 17, Center on Capitalism and Society, Columbia University, New York, July 2006).

21. Tabellini, "Culture and Institutions."

22. Edmund Phelps and Gylfi Zoega, "Entrepreneurship, Culture and Openness," in *Entrepreneurship and Openness: Theory and Evidence*, ed. David B. Audretsch, Robert Litan, and Robert Strom (Cheltenham, UK: Edward Elgar, 2009), 101 – 130.

23. Raicho Bojilov and Edmund Phelps, "Job Satisfaction: The Effects of Two Different Cultures" (Working Paper No. 78, Center on Capitalism and Society, Columbia University, New York, September 2012).

24. Phelps, *Mass Flourishing*.

25. Agust Arnorsson and Gylfi Zoega, "Social Capital and the Labor Market," *Capitalism and Society* 11, no. 1 (June 2016): article 1, https://ssrn.com / abstract=2788829.

26. 关于典型相关分析，参见 Harold Hotelling, "Relations between Two Sets of Variates," *Biometrika* 28, no. 3 – 4 (December 1936): 321 – 377; Alissa Sherry and Robin K. Henson, "Conducting and Interpreting Canonical Correlation Analysis in Personality Research: A User-Friendly Primer," *Journal of Personality Assessment* 84, no. 1 (2005): 37 – 48。

27. Hotelling, "Relations between Two Sets."

28. 更详细的讨论参见 Jacques Tacq, *Multivariate Analysis Techniques in Social Science Research*: *From Problem to Analysis* (Thousand Oaks, CA: Sage, 1997)。

29. Sherry and Henson, "Conducting and Interpreting."

30. 它们是澳大利亚、奥地利、比利时、加拿大、丹麦、芬兰、法国、德国、希腊、爱尔兰、意大利、日本、荷兰、挪威、葡萄牙、西班牙、瑞典、瑞士、英国和美国。

31. 除了第一个函数，其他函数在统计上均不显著。

32. 它们之所以是标准化的，是因为有典型函数中的一对典型变量方差相等这一约束条件；$var(X^*) = var(Y^*)$。

33. 例如，可能会出现某个变量的标准化系数对另一个变量产生影响的情况，因此有必要通过理论观点做出解释。

34. 经济自由度和廉洁度指标来自美国传统基金会 2008 年的指数。人们的价值观指标来自 2008 年和 2009 年的欧洲价值观研究。

35. 创新变量是 1993—2013 年的均值。

36. Phelps, "Economic Culture and Economic Performance"; Bojilov and Phelps, "Job Satisfaction."

第六章

1. Yann Algan and Pierre Cahuc, "Inherited Trust and Growth," *American*

Economic Review 100, no. 5 (December 2010): 2060 – 2092.

2. Jeffrey V. Butler, Paola Giuliano, and Luigi Guiso, "The Right Amount of Trust," *Journal of the European Economic Association* 14, no. 5 (October 2016): 1155 – 1180.

3. See Raquel Fernandez, "Does Culture Matter?," in *Handbook of Social Economics*, vol. 1A, ed. Jess Benhabib, Alberto Bisin, and Matthew Jackson (Amsterdam: North–Holland, 2010), 481 – 510.

4. Edward Banfield, *The Moral Basis of a Backward Society* (New York: Free Press, 1958); James Coleman, *Power and the Structure of Society* (New York: W. W. Norton, 1974); Robert D. Putnam, *Bowling Alone: The Collapse and Revival of American Community* (New York: Simon and Schuster, 2000).

5. Miguel Jiménez and Sébastien Jean, "The Unemployment Impact of Immigration in OECD Countries," *European Journal of Political Economy* 27, no. 2 (June 2011): 241 – 256.

6. Alberto Bisin and Thierry Verdier, "The Economics of Cultural Transmission and the Dynamics of Preferences," *Journal of Economic Theory* 97, no. 2 (April 2001): 298 – 319; Luigi Guiso, Paola Sapienza, and Luigi Zingales, "Long–Term Persistence," *Journal of the European Economic Association* 14, no. 6 (August 2016): 1401 – 1436; Guido Tabellini, "Culture and Institutions: Economic Development in the Regions of Europe," *Journal of the European Economic Association* 8, no. 4 (June 2010): 677 – 716.

7. Algan and Cahuc, "Inherited Trust and Growth."

8. Raicho Bojilov and Edmund Phelps, "Career Choice and Economic Innovation: A Comparison between China, Germany and the USA" (Working Paper No. 80, Center on Capitalism and Society, Columbia University, New York, November 2013).

9. 关于该调查设计和方法方面的更多细节，参见 Roland Inglehart, *World Values Surveys* 1981 – 2004 (Ann Arbor: University of Michigan Press, 2006)。

10. Algan and Cahuc, "Inherited Trust and Growth."

第七章

1. 这些国家包括澳大利亚、加拿大、芬兰、法国、德国、意大利、日本、荷兰、挪威、西班牙、瑞典、瑞士、英国和美国。

第八章

1. 参见 Alfred Marshall, *Elements of Economics of Industry*, 3rd ed. (London: Macmillan, 1899), 19；斜体用于强调。

2. Paul Samuelson, "Mathematical Vindication of Ricardo on Machinery," *Journal of Political Economy* 96, no. 2 (April 1988): 276. 在 *Principles of Political Economy and Taxation* 一书的第三版，李嘉图写下了《论机器》一章，在其中讨论了

机器的应用（随着工业革命的到来）是否会使包括工人阶级在内的所有社会阶级受益。在李嘉图所展示的图景中，随着机器替代人类劳动，对劳动力的需求会减少。See Agnar Sandmo, *Economics Evolving: A History of Economic Thought* (Princeton, NJ: Princeton University Press, 2011). 李嘉图在分析之后得出结论："劳动阶级所拥护的观点，即机器的使用往往会损害他们的利益，不是建立在偏见和错误之上，而是符合正确的政治经济原理的。" David Ricardo, *The Principles of Political Economy and Taxation* (1821; London: Everyman's Library, 1911), 267.

3. See International Federation of Robotics, *World Robotics Report 2016*, https://ifr.org/ifr-press-releases/news/world-robotics-report-2016.

4. 国际机器人联合会。

5. Robert M. Solow, "A Contribution to the Theory of Economic Growth," *Quarterly Journal of Economics* 70, no. 1 (February 1956): 65 – 94; Trevor W. Swan, "Economic Growth and Capital Accumulation," *Economic Record* 32, no. 2 (November 1956): 334 – 361; Edmund Phelps, *Golden Rules of Economic Growth* (New York: W. W. Norton, 1966); Hirofumi Uzawa, "Optimal Growth in a Two-Sector Model of Capital Accumulation," *Review of Economic Studies* 31, no. 1 (January 1964): 1 – 24; Erik Brynjolfsson and Andrew McAfee, *The Second Machine Age: Work, Progress, and Prosperity in a Time of Brilliant Technologies* (New York: W. W. Norton, 2014).

6. Daron Acemoglu and Pascual Restrepo, "The Race between Man and Machine: Implications of Technology for Growth, Factor Shares and Employment,"

American Economic Review 108, no. 6 (June 2018): 1488 – 1542.

7. Georg Graetz and Guy Michaels, "Robots at Work" (Discussion Paper 1335, Centre for Economic Performance, London School of Economics, London, March 2015, updated 2017).

8. Daron Acemoglu and Pascual Restrepo, "Robots and Jobs: Evidence from US Labor Markets" (NBER Working Paper No. 23285, National Bureau of Economic Research, Cambridge, MA, March 2017).

9. Maarten Goos, Alan Manning, and Anna Salomons, "Explaining Job Polarization: Routine-Biased Technological Change and Offshoring," *American Economic Review* 104, no. 8 (August 2014): 2059 – 2526.

10. Solow, "Contribution to the Theory"；Swan, "Economic Growth and Capital Accumulation."

11. 我们假设增加型机器人可以替代一个从事常规性工作的流水线工人，但无法取代一个科研人员。在对庞大的数据库进行挖掘的人工智能赋能型机器人的帮助下，后者的非常规性工作可以提高生产率。

12. 注意 $(1-\rho)^{-1}$ 给出了替代弹性。

13. 关于资本理论和回报率的早期讨论，参见 Robert M. Solow, *Capital Theory and the Rate of Return* (Amsterdam: North-Holland, 1963)。

14. Robert J. Barro and Xavier Sala-i-Martin, *Economic Growth*, 2nd ed. (Cambridge, MA: MIT Press, 2004), 205 – 210.

15. 更具体地说，真实工资会随着 $f(x) - xf'(x)$ 而下降，其中 x 是（55）和（61）式中相关的有效资本密集度。

16. 更具体地说，这一渠道通过（55）式中的 $\left[1+\gamma_R^{-\rho}\right]^{\frac{1}{\rho}-1}$ 和（61）式中的

$\left[1+\left(\dfrac{H_1}{H_2}\right)^{-\rho}\right]^{\frac{1}{\rho}-1}$ 两项发生作用。由于常规性和非常规性工作之间的替代弹

性大于 1，其他条件不变的情况下，由人类工人从事的常规性工作的相对丰裕
程度，会在机器人被采用之前压低从事这一工作的工人的真实工资，就像我
们在（61）式中看到的那样。

第九章

1. See https://www.cybeletech.com/en.

2. See William D. Nordhaus, "Lethal Model 2: The Limits to Growth Revisited," *Brookings Papers on Economic Activity* 2 (1992): 1 – 59. 他证明了一个新古典规模报酬不变的
总量生产函数在每对生产要素之间替代弹性不等于 1 的情况下可以被写为一般
形式的柯布-道格拉斯生产函数，其中生产要素的指数等于其要素份额。

3. 由于人口被标准化为 1，C 和 H 也分别代表了人均消费和就业。

第十章

1. Gene M. Grossman and Elhanan Helpman, *Innovation and Growth in the Global*

Economy (Cambridge, MA: MIT Press, 1991); Philippe Aghion and Peter Howitt, "A Model of Growth through Creative Destruction," *Econometrica* 60, no. 2 (March 1992): 323 – 351.

2. 举例来说，假设时间偏好率为 20%，资本折旧率为 10%，那么 $\delta + \theta = 0.30$。

3. 注意由（17）、（39）和（40）式，我们得到 $r - \dot{q}/q = (\pi_i / V_i) - \mu H_{INi}$。由（28）式，我们有 $r - \dot{q}/q = \dfrac{(1-\alpha)^{1-\alpha} \alpha^{2\alpha}}{\tilde{q}} - \delta$。

4. See Nicholas Bloom, Charles I. Jones, John Van Reenen, and Michael Webb, "Are Ideas Getting Harder to Find?" (NBER Working Paper No. 23782, National Bureau of Economic Research, Cambridge, MA, September 2017, updated March 2018).

后记

1. Ray Dalio, "Why and How Capitalism Needs to Be Reformed (Part 1 & 2)," LinkedIn, April 5, 2019, https://www.linkedin.com/pulse/why-how-capitalism-needs-reformed-parts-1-2-ray-dalio/.

2. 这部分讨论大部分可参见 Richard Reeves and Isabel Sawhill, "Modeling Equal Opportunity," *Russell Sage Foundation Journal of the Social Sciences* 2, no. 2 (May 2016): 60 – 97。See also Raj Chetty et al., "The Fading American Dream: Trends in Absolute Income Mobility since 1940" (NBER Working

Paper No. 22910, National Bureau of Economic Research, Cambridge, MA, December 2016)。

3. See Assar Lindbeck, "The Recent Slowdown of Productivity Growth," *Economic Journal* 93, no. 369 (March 1983): 13 – 34; Stanley Fischer, "Symposium on the Slowdown in Productivity Growth," *Journal of Economic Perspective* 2, no. 4 (Fall 1988): 3 – 7. 不要将"大衰退"与"长期停滞"和"结构性萧条"相混淆。

4. 有趣的是，在美国、英国、加拿大、德国和瑞典这些组成了大半个西方世界的国家中，1970—2018 年的这些趋势并未伴随着失业率的恶化。而失业率在意大利和法国等国的暴涨可被归因于在 2009—2011 年全球金融危机之后的年份里，出现了一些阻碍或未能促进工人再就业的机构。在前述国家中，劳动力市场总能从逆向冲击中恢复。

5. 现有关于工作满意度的时间序列在 1972 年由 GSS 创建，并幸运地延续到了现在。

6. 当然，20 世纪 30 年代的大萧条要比魏玛共和国时期更近。但这属于另一种现象——由不同的发展趋势引起并以不同的病症为标志。

7. Edmund Phelps, "Dangers in a Repeat of Historic Corporatism," *Journal of Policy Modeling* 39, no. 4 (July–August 2017): 611 – 615. 此前发表为 "Trump, Corporatism, and the Dearth of Innovation," *Project Syndicate*, January 17, 2017; 以及 Working Paper No. 93, Center on Capitalism and Society, Columbia University, New York, January 2017 (presented at the 129th Annual Meeting of the American Economic Association, Chicago, January 2017)。

8. 在美国，很多年轻人克服歧视，脱离了城市贫民区，获得了大学教育文凭，他们得到了相对前任员工来说有更高生产率以及更高工资的职位，从而在就业岗位的上层提高了生产率和工资，而中层职位则没有出现这样的变化。这种新情况在工资分配的（比如说）上四分位提高了工资率，却对仍然从事相对低技能工作的工人的工资率没有任何影响。

9. 仅仅在过去 20 年间，90 百分位与 50 百分位的工资比率就从 1997 年的 2.2 上升到了 2017 年的 2.4，提高了约 1/10。（可能在 1977—1997 年也提高了 1/10。）对这一数据的讨论参见 Edward P. Lazear, "Mind the Productivity Gap to Reduce Inequality," *Wall Street Journal*, May 5, 2017。

10. 其中最值得注意的是极右翼的德国的新选择党、法国让–玛丽·勒庞的国民联盟、意大利马泰奥·萨尔维尼的北方联盟，以及极左的西班牙的 Vox 党和意大利的五星运动党。

11. 这一活力的定义来自对前文的复述，"对创新的渴望和能力"，参见 Edmund Phelps, *Mass Flourishing: How Grassroots Innovation Created Jobs, Challenge, and Change* (Princeton, NJ: Princeton University Press, 2013), ix。

12. 这些也是 19 世纪和 20 世纪上半叶大量涌现的著作向人们灌输的价值观，它们的作者包括夏洛特·勃朗特、艾米莉·勃朗特、查尔斯·狄更斯（写《大卫·科波菲尔》的狄更斯）、赫尔曼·梅尔维尔、儒勒·凡尔纳、马克·吐温、罗伯特·路易斯·史蒂文森、亨利·赖德·哈格德、阿瑟·柯南·道尔、赫伯特·乔治·威尔斯、劳拉·英格尔斯·怀德、薇拉·凯瑟、杰克·伦敦、弗吉尼亚·伍尔夫和霍华德·菲利普·洛夫克拉夫特——他们无疑都受到了早期的伟大人物的影响，比如荷马、亚里士多德、皮科·德拉·米兰多拉、路德、塞万提斯、莎士比亚、休谟和伏尔泰。

13. See Philip K. Howard, *Try Common Sense: Replacing the Failed Ideologies of Right and Left* (New York: W. W. Norton, 2019).

14. 对这一问题的一个绝佳的讨论可以参见 Deirdre McCloskey, *Bourgeois Dignity* (Chicago: University of Chicago Press, 2010), 355 – 365。

15. See Mariana Mazzucato, *The Entrepreneurial State: Debunking Public vs. Private Sector Myths* (London: Anthem, 2013); Joseph Stiglitz, *People, Power and Profit: Progressive Capitalism for an Age of Discontent* (New York: W. W. Norton, 2019).

16. Edmund Phelps, *Rewarding Work: How to Restore Participation and Self-Support to Free Enterprise* (Cambridge, MA: Harvard University Press, 1997; 2nd ed. 2007). 也可参见我对以下作品的评论：Philippe van Parjis, "A Basic Income for All," *Boston Review*, October 2000。作者在以下作品中对我的评论做出了回应：*Basic Income: A Radical Proposal for a Free Society and a Sane Economy* (Cambridge, MA: Harvard University Press, 2017)。